跨境电商
B2B
客户开发
实战手册

周迪雅◎著

中国铁道出版社有限公司
CHINA RAILWAY PUBLISHING HOUSE CO., LTD.

图书在版编目（CIP）数据

跨境电商 B2B 客户开发实战手册／周迪雅著.
北京 ： 中国铁道出版社有限公司, 2025. 6. -- ISBN
978-7-113-32158-1

Ⅰ. F713. 365. 2-62

中国国家版本馆 CIP 数据核字第 2025WF0917 号

书　　名：**跨境电商 B2B 客户开发实战手册**
　　　　　KUAJING DIANSHANG B2B KEHU KAIFA SHIZHAN SHOUCE
作　　者：周迪雅

责任编辑：张　丹　编辑部电话：(010) 51873064　电子邮箱：232262382@ qq. com
封面设计：宿　萌
责任校对：刘　畅
责任印制：赵星辰

出版发行：中国铁道出版社有限公司（100054，北京市西城区右安门西街 8 号）
网　　址：https://www.tdpress.com
印　　刷：天津嘉恒印务有限公司
版　　次：2025 年 6 月第 1 版　2025 年 6 月第 1 次印刷
开　　本：710 mm×1 000 mm 1/16　印张：12.25　字数：142 千
书　　号：ISBN 978-7-113-32158-1
定　　价：68.00 元

在我的咨询案例里，有一半的咨询者来自传统行业。这些咨询者包括尚未着手布局海外市场的企业主、销售负责人及国内销售人员等。他们选择跨境电商 B2B，一个关键因素在于国内市场竞争过于激烈，致使企业的生存空间被极大压缩。在这种竞争内卷严重的环境下，开拓第二增长曲线就成为他们极为迫切的需求。

跨境电商 B2B 的核心吸引力在于其能打破国界限制，开拓广阔的全球市场。这一商业模式不仅使供应商有机会接触更多元的买家群体，还能有效分散经营风险，防止业务过度集中于某个国家或地区，进而在全球市场出现波动时维持业绩的相对平稳。因此进行全球化布局已经成为企业持续发展的重要战略。

正如《易经》所言："时止则止，时行则行，动静不失其时，其道光明。"抓住时机、顺应趋势是事业走向成功的关键要素。在跨境电商 B2B 领域，洞悉行业的变迁态势以及未来的发展方向极为关键，只有持续适应市场的变化，才能在激烈的竞争中脱颖而出。

市场的持续演进使得客户开发难度增大，这已然成为必然的历史走向。伴随行业红利逐渐消退，跨境电商 B2B 已正式迈入 4.0 阶段，然而,大部分业务员在客户开发模式上却依旧停留在 1.0 阶段。

1. 跨境电商 B2B 1.0 阶段:信息差的红利期

这一时期大致处于 2000 年以前,当时市场规模初步形成但竞争相对温和。其商业运作的底层逻辑为售卖产品赚取差价,侧重于商品交易,属于典型的卖方市场。中国的供应商主要与亚洲、欧洲等少数国家和地区开展贸易活动,整个行业发展处于起步阶段,贸易规则较为简单,供需关系失衡,供不应求属于常见的状态。企业的主要任务是满足外商对低价商品的需求,重点关注生产和交付环节。而且,往往由于地理和政治等因素制约,信息流通受阻。买家可选择的范围有限,在这种情况下,供应商在定价和交货期方面拥有较大的自主性,利润率较高且资金压力较小。企业一般通过线下展会、杂志广告等途径来开发客户。

2. 跨境电商 B2B 2.0 阶段:平台化浪潮

这一时期为 2000 年至 2012 年。随着互联网技术的持续发展,电子商务平台逐渐成为国际贸易的关键工具,通过在线交易来连接供需双方,突破了地理限制,进一步提升了交易效率。像阿里巴巴国际站、Global Source(环球资源)、Made-in-China(中国制造)等 B2B 电子商务平台成为这个时代的推动者。

在线电子商务不再受空间的约束,随着产品销售量的增加、成本的进一步降低,产生了边际效应,由此诞生了单品爆款模式。然而,由于订单实现了线上平台化,流量和排名完全取决于第三方平台,市场格局也从卖方市场转变为第三方平台市场。

随着众多商家纷纷入驻,商家数量增多但市场资源有限,竞争愈发激烈。为获取更多流量和提高排名,商家将投入资金购买流量,同时还会采用价格策略,这进一步压缩了利润空间。而买家借助平台能够迅速找到多个供应商,信息逐渐透明化,进行价格比较也变得更加容易。

如此一来,平台又一次把所有供应商卷入了价格战和同质化竞争的困境。以阿里巴巴国际站为代表的跨境电商平台,通过收取广告费、服务费等成为最大的受益者,而大量中小供应商却很难长期维持盈利。

3. 跨境电商 B2B 3.0 阶段:差异化发展兴起

这一时期是从 2013 年到 2020 年,在此阶段的商业底层逻辑是借助产品的个性化以及增值服务来实现差异化发展。

随着全球制造业持续发展并趋向融合,中国供应商逐渐丧失低价优势。在这种情形下,买家势必会将业务转向人力成本更低的国家。中国人力成本的上升以及国际关系的变化,必然会对各国之间的贸易产生影响。若依然坚持原来凭借低价获取客户的模式,必然会被市场淘汰,因为客户总能找到更为低廉的供应商。这就迫使中国供应商不得不探寻其他突破途径。

此时,客户的关注点已不再仅仅局限于价格,而是更加注重商品的定制化程度和附加值,他们思考的是如何从众多同质化商品中筛选出适合自己市场的高性价比商品。由于不断聚焦特定行业、细分目标地区以及消费群体,进而为不同的消费群体量身打造商品和服务,这也有效地缓解了商品同质化和价格战引发的问题。在这个时代,市场格局转变为买方市场,谁能敏锐地调查细分市场,谁就能把握未来的商业方向。

4. 跨境电商 B2B 4.0 阶段:互相赋能的前景

自 2020 年起,跨境电商 B2B 正式迈入 4.0 阶段。这个阶段的商业底层逻辑是互相赋能,展开跨国合作以共同开拓市场。

在这一时期,AI(人工智能)和大数据技术逐步融入各个业务环节,为企业带来了前所未有的效率和竞争优势。跨境电商 B2B 领域的商业逻辑逐渐从单向的供需关系转变为双向赋能:供应商和买家通过深度合作共同开发市场,并借助技术驱动来实现全流程的优化。

之前的外贸 1.0 阶段的模式依赖信息差,2.0 阶段的模式依赖打破信息差,3.0 阶段的模式依赖产品增值,但这几种模式都有一个共性,即供应商和采购商之间为单向合作关系。供应商的很多信息都来源于采购商,采购商可以决定将这些信息分享给这家供应商还是其竞争对手,这致使供应商处于被动局面。

而 4.0 阶段的模式凭借的是强关系互动、大数据驱动及 AI 技术推动:在客户开发方面,AI 通过数据分析助力企业快速锁定高价值客户群体。借助对全球买家数据进行智能分析,企业能够更高效地设计精准化营销策略。同时,企业还可利用大数据平台分析市场趋势、竞争态势和买家行为,从而快速应对市场变化并找到新的增长机会。此外,还能够反向赋能采购商更好地开拓当地市场,将简单的单向供需关系转变为多向赋能的跨国合作关系,共同探寻解决全球性贸易问题的方案。

更为重要的是,仅依靠一种渠道成功开发客户的时代已经一去不复返了,企业需要通过多种渠道与客户建立起相互信赖且可持续的合作关系。

跨境电商 B2B 不同阶段特征见下表。

表　跨境电商 B2B 不同阶段特征

阶　　段	阶段特征	市场环境	企业特征	客户开发方式
B2B 1.0 阶段:信息差的红利	利用信息差进行贸易,供不应求,属于卖方市场	市场初具规模,竞争少,国际贸易以商品交易为主	高利润,资金压力低,专注生产和交付	通过线下展会、杂志广告等传统渠道

续上表

阶　　段	阶段特征	市场环境	企业特征	客户开发方式
B2B 2.0 阶段:平台化的浪潮	数字化平台兴起,同质化竞争加剧,价格战激烈	信息透明化,商品流通加快,平台主导市场	平台化运营,边际效应显现,利润受压缩	数据驱动,流量分析,关键词优化
B2B 3.0 阶段:差异化的崛起	通过增值服务实现差异化竞争,满足个性化需求	全球竞争加剧,高性价比商品需求增加	注重品牌建设,售后优化,定制化生产	聚焦细分市场,开发针对性商品与服务
B2B 4.0 阶段:互相赋能的未来	双向赋能,深耕本地市场,技术驱动优化供应链	全球市场波动较大,本地化服务需求增加	通过大数据、AI、区块链提升效率和透明度	本地化服务,合作关系深度绑定

　　本书内容提供实用的工具,助你在跨境电商 B2B 4.0 阶段把握机遇,持续获利。不管你是在跨境电商 B2B 领域摸爬滚打多年的资深人士,还是初涉这一领域的新手,本书都能为你呈上切实管用的策略与方法。

　　本书全方位解析了专业渠道、搜索引擎优化、国际站运营、社交平台推广等内容,每一章都聚焦企业在客户开发、流量获取和订单转化中的关键痛点并加以解决,协助你顺畅地叩开全球市场的大门。

　　跨境电商 B2B 的各个时代皆映射出当时的社会与市场特性。从早期信息差的红利,到平台化的浪潮涌起,再到差异化的崛起发展,最终迈向互相赋能的未来。凭借持续的技术创新与深度合作,这一领域必定会为全球供应链注入鲜活的力量,带来更多发展的机遇与挑战。

周迪雅

2025 年 3 月

目 录

第一章

01

专业渠道：不出国，也能精准找到大客户

在本章中，将介绍一系列方法，助你在不出国的情况下也能顺利找到客户：

- 怎样利用竞品网站锁定活跃的大客户？

- 如何通过行业协会官方网站精准定位目标客户？

- 如何运用海关数据库发掘竞争对手的客户？

- 工具开发客户愈发艰难？可能是因为你还未尝试使用浏览器插件。

- 推荐一款非常实用的客户背景调查工具。

- 全球备受青睐的网站分析工具。

第一节 竞品网站:精准锁定,全年业绩无忧

小红之前在公司担任国内销售助理,由于国内业绩出现负增长,公司决定开拓海外业务。小红英语能力不错,对公司产品也比较熟悉,所以老板安排她负责开拓海外市场。她通过搜索全球排名前十的竞争对手的官方网站,并对其加以分析,成功找出近 500 个优质潜在客户的联系方式。接着,她借助邮件、电话、社交软件等多种方式与这些潜在客户沟通交流。

半年过后,小红成功开发出十多个大客户,其中有一半已经下单,这些下单的客户基本上能达到目标业绩的 80%。还有几个客户正处于最终的细节谈判阶段,其余的客户也正在稳步开发之中。

如果你也想像小红一样,于半年内开发出有持续订单的大客户,并且凭借几个大客户就能实现一年的业绩目标,那么就必须熟练利用竞品网站挖掘客户的方法。

一、"竞品网站找客户法"是什么

所谓竞品,就是竞争对手的产品的简称,是指那些与我们产品定位相近、目标用户群有所重合的产品。要找到竞品,首先得确定竞争对

手。按照网上的定义，竞争对手是指在某个行业或领域中，具备与你相同或相似资源（涵盖人力、资金、产品、环境、渠道、品牌、智力、相貌、体力等方面）的个体（或团体），并且这个个体（或团体）的目标与你一致，其行为会对你的利益产生一定影响。

在识别竞争对手时，可以从以下两个维度入手：

1. 第一个维度是货

那些提供与产品或服务相同或类似解决方案的企业，就是你的直接竞争对手。例如，如果你从事的行业是生产直播麦克风，那么同样生产直播麦克风的企业，都属于你的直接竞争对手。再比如，你生产 LED 灯，那么制造白炽灯、节能灯、路灯的企业，也同样都是你的直接竞争对手。它们可能在市场份额、品牌知名度、产品特性等方面与你存在直接的竞争关系。

2. 第二个维度是人

有些企业提供的产品或服务虽不同，但能满足相似需求的解决方案，这类企业就是你的间接竞争对手。比如，做直播麦克风，那么生产直播设备的企业，就是你的间接竞争对手。又比如，做 LED 灯，生产智能家居产品的企业，就是你的间接竞争对手。尽管它们的产品或服务有所不同，但它们与你共享相同的目标用户群，所以它们的存在也会对你的市场竞争产生一定影响。

综上所述，"竞品网站找客户法"指的是通过分析竞争对手的官方网站，去寻找那些正在与他们合作的客户。

二、"竞品网站找客户法"为何如此神奇

这主要得益于它的两大优势：

1. 客户更为精准

问一个问题：倘若你的公司是汽车制造商，打算开发海外客户。在美国，有客户 A 从事汽车配件进口业务，客户 B 从事日本汽车进口业务，客户 C 则是销售美国本土品牌汽车的经销商。你觉得开发哪个客户会更容易？

大部分外贸业务员都会选择客户 B，原因在于，他们已经有了进口汽车的需求。要让客户从无到有接受新产品或新需求，难度颇高，特别是当他们已经有了一个根深蒂固的选择时。所以，通过竞品网站找到的客户精准度更高，因为这些客户正在积极销售你的竞争对手的产品，对相关产品或服务已经有了一定的认知和需求。

2. 出单相对容易

在利用竞品网站寻找客户的过程中，任何一个细节都不能忽视，像首页、落地页、产品页、表单页等都需要关注。通过研究十几个竞品网站，你能对整个目标市场以及竞争对手的优劣势等有系统且全面的认识。

当客户说："我已经跟 A 品牌有合作了，暂时不考虑和其他新合作方合作。"这时你可以十分自信地回应："我对 A 品牌相当了解，而我们的产品具备三大特色，我坚信这些特色能够帮助你获取更多客户。"

专业知识就是最好的销售利器。借助竞品网站找客户法，你能迅速找到自身产品的优势，从而在与客户接触时更易拿下订单。即便暂时没有合作机会，你也能给客户留下深刻印象，日后他们有需求时，便会再次联系你。

三、怎样运用"竞品网站找客户法"

此过程可分为两个步骤：

第一步：寻得竞争对手的官方网站

在此给大家分享两种常用的免费方法，它们能助力找到 80% 以上的中大型竞争对手的官方网站。

1. 排除指令搜索法

排除指令搜索法借助关键词与排除搜索指令"－"相结合的方式，快速锁定真正的竞争对手。谷歌是全球访问量最大的搜索引擎网站之一，每日要处理数十亿次的搜索请求。不过，由于搜索量极为庞大，仅使用产品关键词进行搜索时，得到的结果往往是那些排名靠前的综合型平台，而非我们真正想要找寻的竞争对手。

为解决这一问题，可以配合使用排除搜索指令"－"，通过自动剔除相关结果，获取更为精准的搜索内容。例如，若想要找到 LED 灯的供应商，但不想看到有关美国或者亚马逊的结果，那么可以在搜索框中输入指令：led light bulbs lamp－USA－Amazon。如此一来，便能看到排除了 USA 和 Amazon 这两个词的搜索结果。随后，可以登录搜索出的网站，依据货和人这两个维度来判定竞争对手。

2. 各国 B2B 平台搜索法

在不同国家和地区的 B2B 电子商务平台上输入产品关键词，也能够找到竞争对手，然后再借助谷歌搜索其网址。B2B 电子商务平台属于一种企业间的商务平台模式，英文表述为 business to business，也就是供需双方借助互联网来实现产品、服务以及信息的交换。像阿里巴巴国际站便是全球知名的跨境 B2B 电子商务平台之一，其中 80% 的供应商为中国企业。

借助这些不同国家的 B2B 电子商务平台，能寻找大量本土竞争对手，从而助力企业开拓国际市场。操作方法十分简便，只需将产品关键词输入这些平台,就能发现许多本土竞争对手。

以韩国 B2B 平台 EC Plaza 为例,查找竞争对手的具体步骤如下:首先,打开 EC Plaza 的官方网址;接着,在搜索框中输入产品关键词 led light bulbs;然后,点击网页左侧工具栏中的 refine by region/country(通过国家/地区筛选),并选择 korea 选项,如此便能看到很多来自韩国的 LED 生产商;最后,在搜索引擎中直接输入品牌名称,就能极为迅速地找到其官方网站。

第二步:在竞品官方网站寻找客户

当找到至少十个竞争对手后,就能通过访问其官方网站来查找潜在客户。当点击进入这些竞争对手的官方网站时,可着重关注以下栏目:contact us(联系我们)、where to find us(门店地址)、partners(合作伙伴)、dealers(代理商)、support(客户支持)等,许多企业会将客户信息放置在这些栏目当中。

下面,通过两个例子来说明怎样借助竞品官方网站找到潜在客户。

1. 第一款产品为硬件设备,具体来说是智能家居产品

按照前面介绍的方法,找到了其中一个竞争对手,并打开其官方网站。在网页的 Installer locator(合作方地址)处,能够通过输入邮政编码来查找最近的代理商,进而看到代理商的名字、地址及官方网站等信息。这些都是极为活跃且精准的客户。

2. 第二款产品是软件工具,具体为视频软件

依照前面介绍的方法,我们找到了竞争对手,并打开其官方网站。在其官方网站中,我们可以依次点击 learn & support→partners→certifies solution provider(认证方案提供商)选项,从而找到许多详细的客户信息。点击其中一个客户的链接,就能进一步查看更为详细的联系方式。

某网页上供应商联系方式如图 1-1 所示。

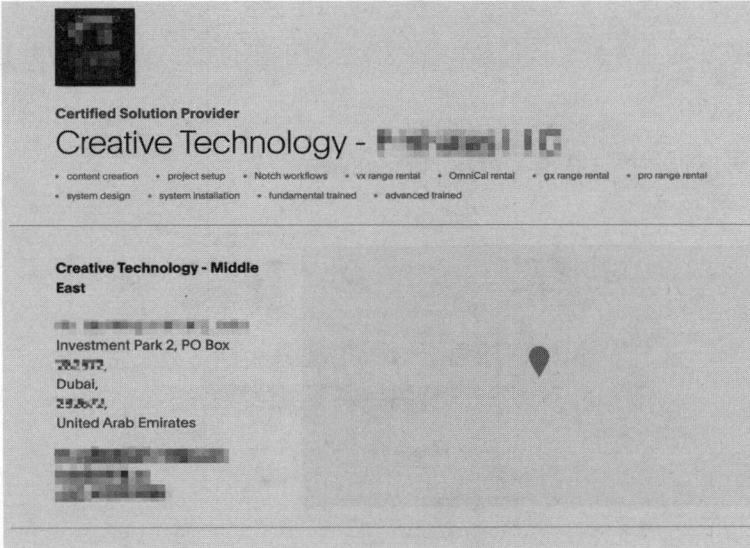

图 1-1 供应商联系方式示例

由上述两个案例可知，不同网站所展示的客户信息存在一些差别。部分网站给出的信息相当详尽，像联系人、联系电话以及联系邮箱等都包含在内；而有些网站仅仅显示官方网站信息。不管信息的详尽程度怎样，这些网站都能够对锁定目标客户起到帮助作用，从而获取更多精准信息。

假定在每个国家能找到二十个竞争对手，并且从每个竞争对手的网站收集到五十个客户的联系方式，那么总共会有一千个目标客户。这还只是保守估计，实际数量往往会更多。仅仅依靠这种方式，就可以精准地找到很多潜在客户。

要牢记寻找的竞争对手数量越多，能够搜集到的客户数量也就越多。成功的关键在于，要比竞争对手多做一点事情。如果按照上述方法，找了十个网站都没有发现潜在客户，解决方案就是去寻找第十一个网站。可以把寻找客户的结果记录到图 1-2 这样的清单中,清单下面是在网站寻找客户的一些提示词,可以帮助你更快更好地寻找客户。

成功的业务员永远都是比那些竞争对手多付出一点儿努力并且坚持到最后的人。

可以通过图 1-2 所示清单,在竞品网站寻找客户。

图 1-2　竞品网站找客户行动清单

第二节　行业协会官方网站：高效、
精准挖掘对口客户资源

我对行业协会的最初认知，源于毕业后所从事的首份工作——智能家居产品的海外销售。当时，我的工作不仅涉及海外客户的开发，还包括产品资料、说明书等的翻译工作。为确保术语翻译的准确性，我会查阅与智能家居产品相关的协会组织网站以获取资料。

在浏览某个国际智能家居协会的官方网站时，我发现了 500 多家会员厂商以及 9 500 多个合作伙伴的联系方式。这些信息可以在该协会官方网站的 community（社区）栏目中找到。这 500 多家会员厂商遍布全球各地，他们不正是 OEM（代工生产）的潜在客户吗？而那 9 500 多个合作伙伴则是当地的工程商、经销商，也是经销代理的潜在客户。

于是，我开始逐一联系这些潜在客户。在短短三个月内，成功开发了挪威最大的经销商为客户。从寄送样品到签订总代理合同，整个过程大约历时两个月。这个客户后来成为我的最大客户。

一、行业协会的定义与功能

依据相关解释，行业协会是由从事某一特定行业的企业所创建并予以资助的组织。这类协会不仅参与广告、教育、公益及出版等诸多公共关系活动,更侧重于推动企业间的协作。除此之外,它们还提供诸如举办会议、构建网络、开展慈善活动,或是供应课程与教育资料等多元化服务。许多行业协会属于非营利性质,并受章程所规范。

国外的行业协会承载着多重功能,其核心在于提供信息服务以及助力企业间的合作。大部分行业协会都构建了自己的网站,且域名多以".org"作为扩展名。这些协会的历史相当悠久,由同一行业的商人自发组织而成,距今已有上千年的历史。

仅借助一个行业协会,便能助力我们贯通供应链上下游的全部资源,这正是利用行业协会能够高效触达有效客户源的关键所在。在国外,但凡有企业聚集的区域,必然存在相应的行业协会。这些协会不仅规模庞大、实力雄厚,而且组织严谨、运作规范,其运营模式亦颇具成效。《国家贸易和专业协会目录》(*national trade and professional associations directory*)便收录了逾 8 000 个美国的贸易和专业组织。

以智能家居协会为例,其总部设于比利时首都布鲁塞尔,拥有超过90 000 个合作伙伴,这些合作伙伴即潜在的客户。通过这种途径,能够精准锁定同行,并结合介绍的方式予以客户开发。

二、怎样借助行业协会官方网站获取有效的对口客户资源

第一步:明确需要寻找哪些行业协会

在正式运用行业协会来开发客户之前,必须清楚自己想要开发的客户群体所属的行业。例如,如果从事儿童玩具业务,那么应该寻找哪些行业协会呢?想必不少业务员都会联想到玩具行业协会或者母婴用品行业协会。

然而，这并不全面。不妨来看一下美国玩具协会的会员都涵盖了哪些类型的企业。

从图 1-3 中能够发现，美国玩具协会的会员企业包含制造商、投资人、设计师、许可证颁发机构、零售商、销售人员等。不过，这并未将所有的目标客户群体囊括在内。比如，潜在客户大型超市商场并非美国玩具协会的会员，而是隶属于商场超市行业协会。所以，倘若仅仅依据产品关键词去寻找行业协会，就会遗漏众多潜在客户。

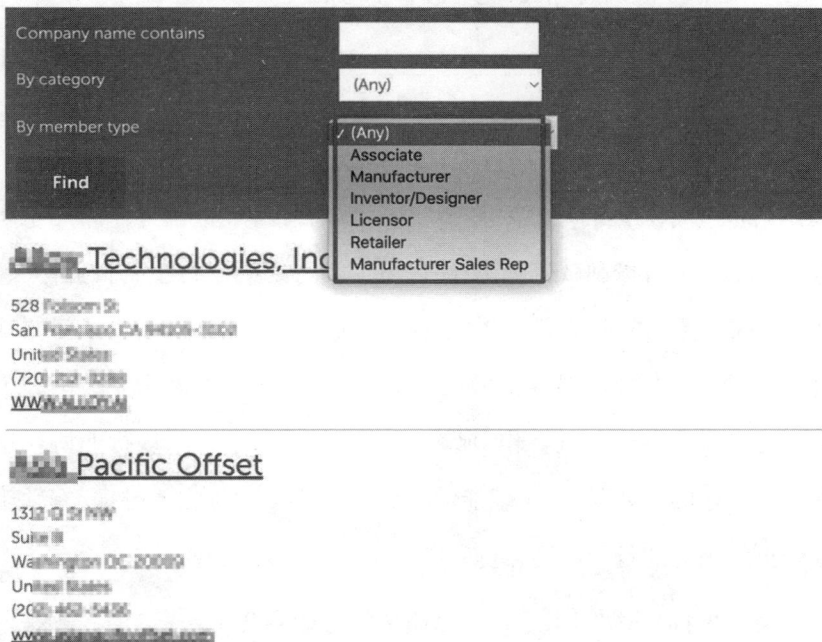

图 1-3 美国玩具行业协会网站页面

若要获取更为全面且详尽的行业协会信息，可以借助以下三个问题来进行搜索辅助："公司属于什么行业""运用何种技术、工艺""合作的客户属于哪些行业"等，如图 1-4 所示。

在回答这些问题的过程中，会得到许多意想不到的行业关键词。

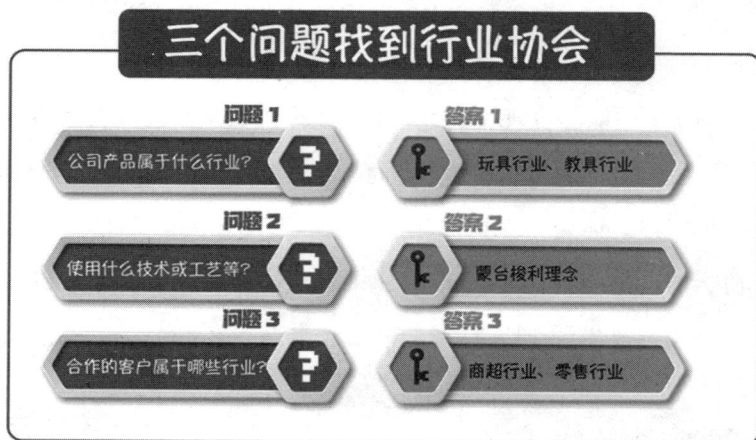

图 1-4　三个问题找到行业协会

就儿童玩具来说,单从产品行业这一角度出发,可能仅有"玩具行业""教具行业"等关键词。当回答第二个问题时,由于企业生产的儿童玩具都是基于蒙台梭利教育理论,所以就应该考虑到蒙台梭利行业协会,例如,AMI(国际蒙台梭利协会)。而在回答第三个问题时,可以对之前合作过或者正在合作的客户所属行业进行梳理,如果该企业与国外大型商超和零售机构有过合作,那么商超行业协会或者零售行业协会也是需要考虑的。如此一来,就能够得到更为全面的行业关键词,有助于找到更为精准的行业协会,进而获取更完整的客户信息。

第二步:借助搜索引擎查找高质量的行业协会

在确定好要搜索的行业关键词之后,可以在搜索工具中进行操作。如运用指令公式"行业关键词+专属关键词+国家/地区关键词"来搜索。

这里所说的行业关键词,是通过第一步提出的三个问题梳理得出的;专属关键词指的是英文中的 association(协会)、associates(同仁、伙伴,此处可理解为与协会相关的组织形式)、alliance(联盟)、bureau(局、办事处,可表示某种行业组织形式)、council(理事会、委员会,常为行业组织的一部分)、institute(学会、研究所,也可用于指代行业相关组织)、society(社团、学会)、guild(行会、公会)等,这些词汇都具有协会或者组织的含义;国家/地区关键词则是要搜索的目标国家,例如美国、印度等。具体内容见表1-1。

表1-1 行业关键词、专属关键词和国家/地区关键词示例

序号	行业关键词	专属关键词	国家/地区关键词
1	toys	association	USA
2	training aid	associates	Canada
3	Montessori	alliances	UK
4	supermarket	bureau	Germany
5	retail	council	France
6		institute	Italy
7		society	India
8		guild	UAE

从中可以得到很多不同的组合:如 toys + association + USA, toys + alliances+India,Montessori+council+UK…

把上述这些关键词输入到各个搜索引擎当中,就能够获取数量众多的推荐结果。尽管不能认定借助这种方式找到的行业协会中的会员全都会成为自己的潜在客户,但是当能够获取的信息量达到同行的一倍时,相应的机会也会翻倍。

真正优秀的销售冠军只有一种,就是善于充分利用信息差的人。

不管是行业关键词,还是专属关键词,又或者是国家/地区关键词,它们之间可能会有成百上千种组合方式。一名出色的跨境电商从业者,不应该仅仅局限于自己所熟悉的寻找关键词的方法,而是要尝试多种不同的方法。我们可以在行业论坛里进行搜索,也可以前

往中国驻相关国家大使馆经济商务处的网站进行搜索,在那里会有大量关于相关国家的行业协会资讯。

当利用竞争对手的网站来开发客户的时候,还可以留意查看这些网站的外部链接。有些企业会在自己的网站上添加所加入行业协会的网站链接。所有这些方法和思维方式都应该灵活加以运用,机会自然也会随之增多。开发客户不仅要比其他人做得更好,还得具备独特之处,毕竟坚持创新和保持独特性至关重要。

第三步:浏览行业协会官方网站查找客户信息

大多数行业协会的成员信息都是公开可查的。当你登录行业协会官方网站时,可以查找如下相关词汇:members(会员)、membership(会员资格/会员身份)、partners(合伙人)、alliances(联盟)、division(部门)、community(社群)、manufacturers(制造商)、directory(名录)、companies(公司)等,从而查看成员公司的名称,甚至获取详细的联系人信息。

例如,如果你从事家用电器行业,按照第一步和第二步的方法找到了美国家用电器制造商协会(Association of Home Appliance Manufacturers)的网站。在这个网站上,能够在 members 这一栏目中找到许多会员公司的信息。这些会员公司都是可以着重开发的行业客户。点击每个客户的名称后,能够查看大量详细信息,包括联系人、联系电话、邮件地址、公司地址以及网站等内容,如图 1-5 所示。

假设你投身于通信设备行业,借助第一步中的三个问题,你能够知晓这些设备会运用一种名为 Wi-Fi 的无线通信技术。随后,依据第二步所提供的搜索公式,你会找到相关通信技术行业协会 the worldwide network of companies。点击 membership→member companies(会员企业)选项之后,便能看到众多成员名单,这些都是非常理想的客户资源。

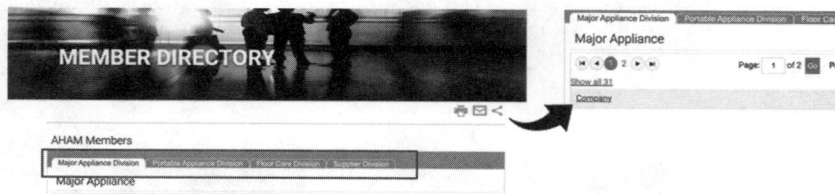

图 1-5　美国家用电器制造商协会网站的会员信息

在前面提到的智能家居行业案例里，通过第一步的三个问题，了解到该行业采用的是 KNX 协议。针对这个协议存在一个专门的组织，即 KNX 组织，于是运用第二步的方法在谷歌中进行搜索，找到这个协议组织的网站。点击网页 community→partners 就能进入查找界面。在此处，还能够依据国家、公司名称、城市等信息开展高级查找，从而进一步获取详细信息，这些信息包括公司名字、联系人姓名、电话、手机号码、公司网址等，并且还有协会对其资质的评分。借助这个评分，能够了解查询对象在行业中的水平和经验。可以借助图 1-6 这个行动清单，通过行业协会网站寻找客户。

绝大多数行业协会都属于非营利性质的组织，它们的规模大小不一，成立时间长短各异，成员活跃程度也有所差别。并非所有的行业组织都会公开成员信息：有些行业组织规定只有成为会员之后才能够查看其他会员的信息；还有些行业组织仅仅提供会员名单，却不提供详细的介绍。所以，需要投入更多的时间和精力对这些数据进行筛选。

在筛选数据的过程中，不但能够借此拓展人际网络，寻找到潜在的精准客户，而且还能够掌握相关的行业政策以及动态趋势，从而为后续跟进客户提供更多的专业话题素材。将数据转化为有用的信息，这是战胜竞争对手、赢得客户的关键所在。订单的达成往往取决于信息差。

15

也就是说，如果能收集到比同行更多的信息，那么业绩也会超越同行。

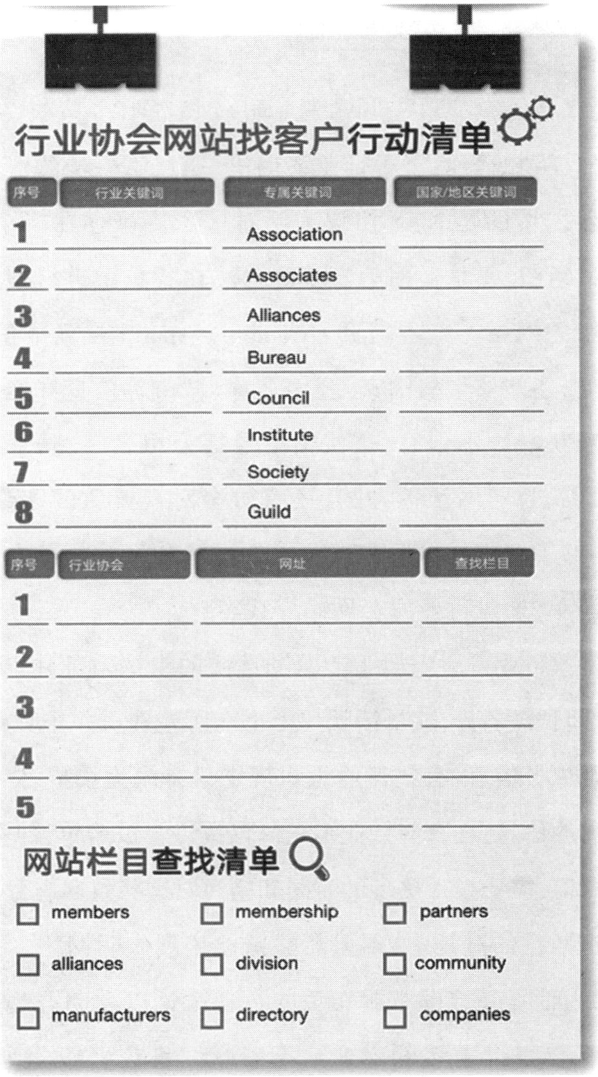

图 1-6　通过行业协会网站找客户行动清单

第三节　海关数据：洞悉买家采购规律，
"接收"竞争对手的客户

没有大数据，你就像在高速公路行走上的盲人或聋人。

——硅谷战略与创新咨询专家　杰弗里·摩尔

跨境贸易的核心在于买卖信息的交互与匹配。从传统的展会名片交换到信息化时代的线上信息互动，寻找更优质的采购商始终是跨境贸易的核心议题。在信息化时代，利用大数据提升信息精准度、交易效率和成功率已成为必备手段，更是优秀跨境从业者的核心竞争力。作为跨境贸易大数据应用的核心环节，"海关数据"成为我们常用的一种工具。

一、什么是海关数据

海关数据是指在海关履行进出口贸易统计职责过程中所产生的进出口统计数据。海关统计的主要任务包括对进出口货物进行调查、分析和监督，并提供相关统计服务。

具体而言，海关数据是各国海关对进出口本国的商品进行收集、登记和汇总的数据。例如，假设中国卖家与德国买家签订了一笔采用离岸价格（FOB）条款的订单。当货物准备完毕后，中国卖家会向中国海关申报出口到德国的货物。中国海关在收到报关资料后，会记录该货物的出口信息,包括商品名称、详细描述、品牌、品种、数量、单价、总价、计量单位、海关港口、通关时间、运输方式、付款方式、海关编码(HS code)等。这些信息被称为关单国数据。

当货物通过海运抵达德国后,德国买家也会向德国海关申报货物的进口情况。德国海关会记录该货物的进口信息,这些信息被称为提单国数据。提单国数据不仅包括商品的基本信息,还会显示买卖双方的交易字段,即进口商和出口商的信息,而关单国数据则不包含出口商信息。

除了关单国数据和提单国数据外,还存在许多其他类型的海关数据,例如镜像提单、航线数据、过境数据、名录数据等。这些数据都可以视为海关数据的一部分。尽管不同国家对这些数据的展示内容和形式可能有所不同,但它们都反映了各国买卖双方最真实的交易情况,某网站海关官方数据如图 1-7 所示。

图 1-7　海关官方数据示例

不论哪种类型的数据,在开发客户时都期望获取如下信息:公司名称、负责人的联系方式、采购的产品信息、采购价格、采购量、上下游产业链情况以及付款方式等。免费的海关数据往往不能提供负责人的联系信息以及上下游产业链的信息。而且，这些进口商并不都是直接的采购商，其中部分可能是物流货代公司。所以，我们需要开展后期筛选工作，从而获取更多的信息，如图 1-8 所示。

序号	采购商		国家	贸易伙伴	总数量	总重量	总价（USD）	交易总次数	HSCODE	操作
1	LED LI			5	4	0	17	1	94	
2	ENDO			9	2	0	56	1	94	
3	DEWT			1	4	0	19	1	94	
4	JAINS			2	2	0	86	1	94	
5	LIGHT			10	1	0	86	7	94	
6	RAKE			2	1	0	18	7	94	
7	NARA			1	4	0	17	7	94	
8	NARA			1	3	0	18	7	94	
9	JAQU			30	6	0	14	5	94	
10	K-LITE			26	7	0	13	5	94	
11	NARA			3	6	0	23	5	94	
12	TANU			2	4	0	17	5	94	
13	NARA			1	3	0	20	5	94	

图 1-8 筛选后查看海关数据

不过，有些人在使用海关数据后会产生这样的感受：似乎什么都能够找到，但好像什么都弄不明白。这也是部分跨境贸易从业者觉得海关数据没什么用的一个原因。

然而，这恰恰是我使用海关数据的初衷。正因为海关数据没有提供进口商详细的联系方式，并且相关数据需要筛选，才有机会通过这种途径去开发客户。换个角度来讲，如果海关数据给出了采购负责人的姓名、电话以及电子邮件等联系方式，那么竞争对手也能够借助这种方式获取准确的相关信息。这就意味着那些较早购买海关数据的人早就与真正的买家建立联系了，那么作为后来者还有机会吗？

所以，在使用海关数据时要调整好心态：不要过于纠结海关数据是否包含采购商的姓名、电话、电子邮箱等联系方式，而是要依靠自己去查找这些联系方式。只有这样，才有机会将他们开发成自己的客户。

二、如何利用海关数据

如果想要利用海关数据高效地找到潜在客户,那么应该如何操作呢?下面分享三个步骤:

第一步:寻找一个常用的海关数据查询平台

大部分的海关数据都设有付费版本和免费版本。免费版本的查询结果存在一定的局限性,有的只能查询到少数企业的数据,有的仅有几天的查询权限,一旦超过限额就无法再查询任何数据了。

这些海关数据查询平台都是直接或者间接地从各方海关购买数据的。所以,如果有些平台宣称自己提供的是一手数据且时效性强,隐藏的含义就是就是该平台是直接向海关购买数据的。这些平台在购买了数据之后,还会转卖给其他平台。如此一来,那些平台所展示的数据可能就是二手或者三手数据了。

在选择平台的时候,要查看其可查询的年限,建议优先采用最新的数据,最长不超过两年。因为超过两年的数据真实性会大幅降低。每个平台都有自身的优势和劣势,适合自己的才是最好的。

第二步:凭借关键词查询相关信息

通常情况下,海关数据查询平台都能够通过"产品关键词""海关编码""公司名称"这三个方面来进行查询。对于产品关键词,比较容易理解,假如你们公司生产某种产品,直接在搜索框内输入该"产品关键词"就可以。

海关编码是编码协调制度的简称。编码协调制度是由国际海关理事会制定的,也就是 HS 编码、海关编码。进出口商品在进出海关时,会依据这个编码所对应的关税来缴纳税款。海关编码总共包含 22 大类、98 章,具体分为类、章、品目子目(一级子目、二级子目等)。

国际通用的海关编码由 2 位码、4 位码以及 6 位码构成，也可能会有一些超过 6 位数的编码。6 位码以上的编码以及与之对应的商品都是由各个国家自行协商确定的，只要复制前 6 位数就能够在其他国家的海关数据查询平台使用。下面以查询国内的 10 位海关编码为例，比如 8541100000，在国内平台查询时对应的是"二极管、晶体管及类似的半导体器件"；把前 6 位 854110 输入到国际平台，同样可以得到"二极管"这样的描述。用编码查询在不同平台得到相同结果如图 1-9 所示。

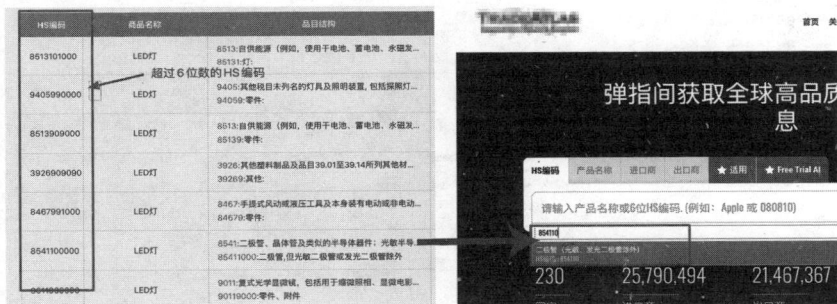

图 1-9 用编码查询在不同平台得到相同结果

下面以中国版的海关数据查询平台 TradeSNS 为例，演示海关数据的搜索过程。该平台支持通过海关编码或者产品关键词来进行搜索，并且能够使用不同语言的产品关键词开展查询工作。在输入产品关键词 LED lamp（LED 灯）之后，所呈现的搜索结果还能够按照国家进行筛选。当点击采购商名称的时候，就能够查看到更为详细的信息，这些信息包含：在全球范围内有多少贸易伙伴、采购的总数量、价格、交易次数，客户联系人的姓名、职位以及邮件，还有所购买产品的数量和价格等。在海关数据查询平台搜索数据如图 1-10 所示。

在进入第三步初次筛选之前，有必要先对数据进行去重处理。这一处理可以在 Excel 表中借助"删除重复项"工具来完成。此外，还存在这

图 1-10　在海关数据查询平台 TradeSNS 搜索海关数据

样一种情况:由于报关公司存在差异,上报的公司名称也会有所不同,这就可能致使同一家公司呈现出不同的名称,例如 ABC Lamp inc.、ABC Lamp INC USA、ABC Lamp、ABC Lamp USA LA。尽管名称有所不同,但实际上都是同一家公司。在这种情形下,单纯使用"删除重复项"功能是无法实现去除重复的目的。这时,可以运用 Excel 表中的 left 或 right 函数,先将公司名称的头尾部分去除,使其变为 ABC Lamp,之后再使用"删除重复项"功能。通过这样的操作就能够避免客户信息出现重复的情况了。用 Excel 表去除重复的数据如图 1-11 所示。

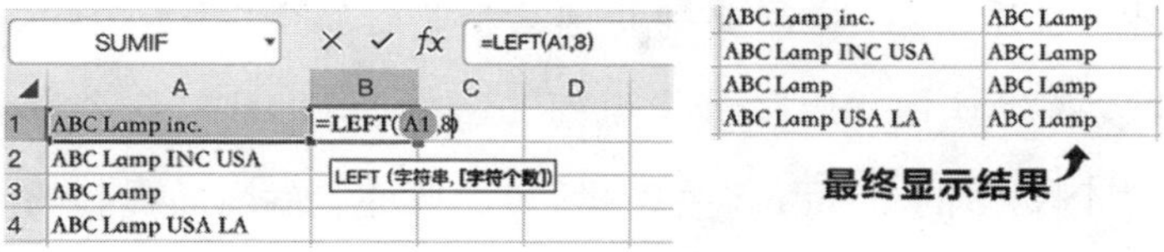

图 1-11　用 Excel 表去除重复的数据

第三步:优化公司初步筛选信息

在这一步,应该已经创建了一个存有数千个公司名称的 Excel 表格。不过,这里面的公司并非都是有价值的潜在客户。其中有些或许是货代公司,有些则是主营产品与采购产品不相匹配。这里的工作任务是对公司的初步筛选信息进行补充和完善,以此过滤掉无效信息,进而找到有价值的客户。初步筛选信息涵盖"国家""网址""主营产品""采购产品""业务性质"。可以依据公司的特性和产品属性对这些内容进行添加或者删减。初次筛选的目的是助力找到潜在客户,所以不建议把筛选条件设置得过于详细。因为这样容易在开发客户时带有偏见,从而可能错失一些有潜力的客户。

筛选条件中的"国家"这一选项很容易理解。在一些中大型公司内部会有专门的跨境业务员团队,每个业务员负责不同的市场。例如,有的业务员负责美洲市场,有的负责东南亚市场,还有的负责欧洲市场。借助"国家"这个维度,就能够找到在自己可开发区域内的潜在客户。

通过客户的网址,能够了解到该公司主要经营哪些产品。在前面的案例中,印度采购商来自印度,打开其官方网站后会发现主要销售 LED 产品。这些信息就填写在"主营产品"这一栏;"采购产品"通常是在海关数据平台上查找,从图 1-11 右图可以看到,该采购商从中国采购的产品是 LED Lamp,这表明该企业的"主营产品"和"采购产品"是一致的。

23

　　"业务性质"这一栏需要判断这家企业是属于"物流公司""制造商""批发商""连锁门店""线上电商"还是"进口商"。这个信息一般也是通过网站里的 about us（关于我们）获取的。就前面提到的印度公司而言，其实它是一家生产制造商，最初从事钢管生产，后来逐步将业务拓展到灯具等领域。由此可以判断，如果选择与这个客户合作，很有可能是代加工（OEM）合作模式。某采购商网站页面，如图 1-12 所示。

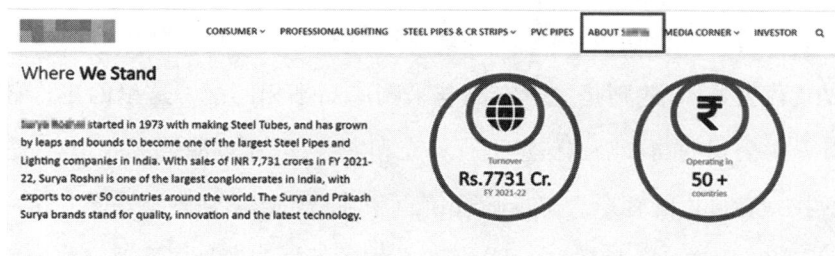

图 1-12　某采购商网站页面

　　通过这三个步骤，能够筛选出潜在客户，再依据本书其他章节的方法将有潜力的客户发展成为有业务往来的客户。这一过程不需要花哨的手段，也没有特殊的技巧，就是实实在在地寻找客户的联系方式，然后分析该客户是否值得投入时间去开发。拥有客户并不一定意味着有业务，但要开展业务首先要有客户。若想拥有稳定的业务，就必须有源源不断的客户资源。可以借助图 1-13 这个行动清单，通过海关数据平台寻找客户。

　　海关数据除了有助于寻找潜在客户之外，还能助力分析现有的客户。可以把现有客户的名称输入海关数据平台的搜索框，这样就能够看到诸如采购数据、供应商信息等内容。海关数据只是一种工具，能否发挥出它的最大价值，取决于自己。

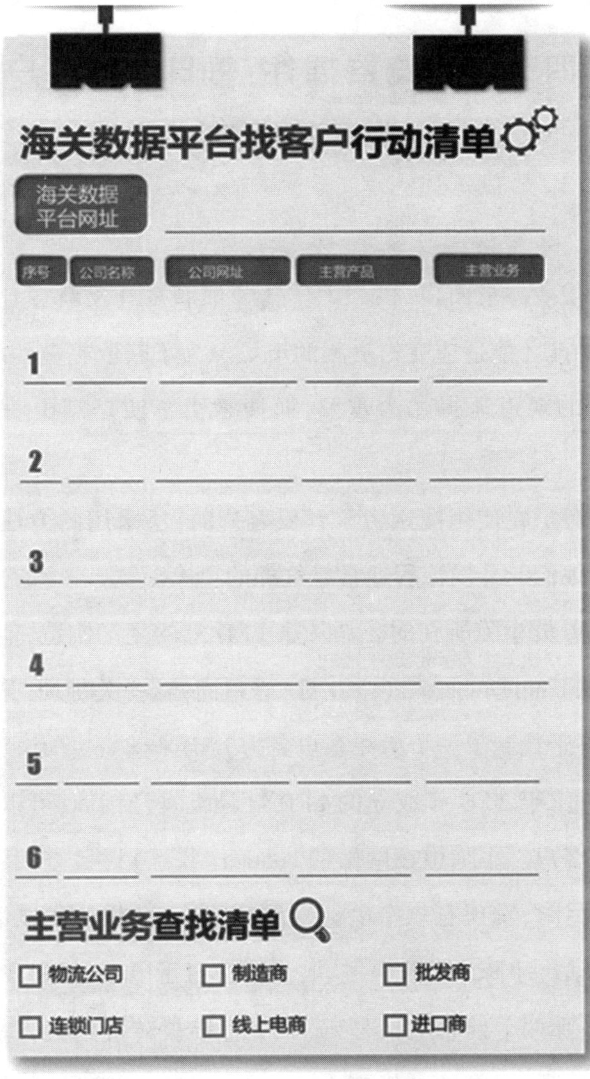

图 1-13 通过海关数据平台寻找客户行动清单

第四节　浏览器插件：每日新增客户，找到稳定的客户来源

对于跨境业务员而言，核心工作任务依旧是开发新客户和维护老客户，唯有如此才能适应变幻莫测的市场。为了获取更多的新客户，拓展开发客户的渠道显得尤为重要，而搜索引擎便是其中一个关键的渠道。

不少业务员在使用搜索引擎开发客户时，所采用的方法还停留在十多年前。他们的开发流程通常是这样的：

假设业务员小陈所在的公司从事 LED 灯的生产制造，他在搜索引擎中输入 led lamp+importers（LED 灯+进口商）这一关键词，筛选了十个网站之后，终于找到了一个潜在客户名为 LED ××× co.。访问该网站后发现，这是一家于 2009 年成立的 LED 灯具批发经销商，可以说是非常精准的潜在客户。小陈想在网站的 contact（联系）栏目查找联系方式。当进入该栏目时，发现有三个电话号码，其中一个是热线电话，另外两个是前台电话。小陈十分积极主动，直接拨打了电话，结果发现热线电话一直占线；那两个前台电话号码，一个直接被转接到留言信箱，另一个终于有人接听，回复的是销售中心的电话号码。费尽周折才找到一个潜在客户，却发现找不到联系人，最终一无所获。小陈开始抱怨并产生怀疑，觉得通过搜索引擎开发客户的方法毫无用处。

科技始终在不断发展，开拓客户的方法也应与时俱进。倘若你还

在沿用十年前的方法来开发客户，显然是行不通的。如果是我来开发这个客户，在依据上述搜索关键词找到这家企业 LED ××× co. 之后，会运用谷歌浏览器插件 Signal Hire 查找该公司项目总监的姓名、电话、邮箱地址以及社交平台账号。有了这些信息之后，就能投其所好，有针对性地开展客户开发工作。

一、浏览器插件是什么

浏览器插件（chrome extensions）也被称作谷歌拓展程序。按照官方网站的定义：浏览器插件是基于 Web 技术（例如 HTML、CSS 和 JavaScript）开发的软件程序，其作用是增强在浏览器中的浏览体验，能够对浏览器的使用方式进行个性化定制。这些插件类似于浏览器上的应用程序，能够强化浏览器的功能，让原本只能用于浏览网页的浏览器具备专业的功能。一旦开启这些插件，浏览器宛如"苏醒"并活跃起来。

对于跨境业务员来讲，谷歌浏览器插件能够助力深入挖掘客户信息、获取更多的客户联系方式，并且通过插件查找的联系方式会更加详细和精准。并且，在插件安装成功之后基本上只需简单操作，一天之内就能捕捉到一百多个负责人的联系方式，从而迈出客户开发的第一步，这比在谷歌里单纯通过关键词搜索要高效得多。

二、常用的浏览器插件有哪些

下面是十款常用插件，如图 1-14 所示。

1. Clearbit

在成功安装之后，登录 Gmail 邮箱，会在右上方看到 Clearbit 图标。点击 Clearbit 图标，便会进入查找界面。在搜索框中输入相应的关键词，

图 1-14 10 款用于客户开发的浏览器插件

这样就能看到 Clearbit 公司所有员工的联系方式列表了。点击想要查找的联系人的头像，就可以查看其详细的联系信息，其中包含邮箱地址以及社交平台账号等。

2. Snovio

如果曾经使用过 LinkedIn，那么可能会遇到这样一个问题：尽管已经找到了采购负责人，但是由于不是好友关系，因此无法看到他的联系信息。明明目标就在眼前，却无法触及，这种感觉着实让人难受。Snovio 插件就能够很好地解决这个问题。

Snovio 插件最大的特点在于，它不仅有 LinkedIn 版本的插件，还有网站版本的插件。可以通过访问官方网站同时下载安装这两个版本的插件。点击想要安装的版本的链接后，就能看到非常详细的下载安装流程。这两个版本的图标存在一定差别，LinkedIn 版本的底色是白色的，而网站版本的底色是紫色的。

LinkedIn 版本专门用于查找 LinkedIn 账号的联系方式。在成功安装之后，打开 LinkedIn 主页，输入要搜索的关键词，然后点击 people 进入人员列表页面。在该页面中，点击 Snovio LinkedIn 版本插件，就能够查看该页面下所有人的邮箱信息。

Snovio 除了 LinkedIn 版本之外还有网站版本。打开任意一个网站，点击 Snovio 网站版本，可以查看该网站内所有联系人的邮箱地址。将搜索到的这些信息都保存之后，登录 Snovio 官方网站查看更多的信息，例如公司名称、公司主营业务、职位等。

3. FindThatLead

FindThatLead 是一款能够在 LinkedIn 平台和网站搜索联系方式的插件。与 Snovio 不同的是，它仅有一个版本，既可以在 LinkedIn 上进行查询操作，也可以在网站上进行查询。在查询结果中，除了会显示诸如邮箱地址和手机号码等基本信息之外，还能直接链接到该联系人的社交平台账号，这有助于对客户进行背景调查。

4. Rocket Reach

Rocket Reach 有以下两种查找客户联系方式的方法：

（1）第一种方法与前面三款工具类似，即访问潜在客户的公司网址后，点击右上方的 Rocket Reach 插件图标，然后进行搜索查询。

（2）第二种方法是进入 Rocket Reach 的主页，在主页左侧的工具栏上有许多筛选条件，例如 name（名称）、location（地理位置）、occupation（职业）等。例如在 job title（职位名称）中选择 head of purchase（采购主管），在 location 中选择 US（美国），那么筛选出的结果就是美国企业的采购负责人。这里所设置的筛选条件越多，筛选出来的结果就越精准。

5. Signal Hire

Signal Hire 的浏览器插件主要应用于在 LinkedIn 上查询人员的联系方式。该插件的显示方式和前面四款插件有所不同，它不会出现在右上方的图标栏内，而是在浏览器的右侧显示为一个浮动图标。使用这个插件时，只需打开 LinkedIn 上联系人的个人主页，点击右侧的 SH 图标，就能查看该联系人的联系方式。

6. GetEmail

这个插件能够与 Gmail 联动使用，下载后会自动进入 Gmail 界面。可以通过点击右上方的插件图标进入插件的查看界面。在最上方的边框中输入想要查找的关键词，接着点击 get all emails（接收所有邮件），此时就会显示所有符合该关键词的联系人信息，包括姓名、职位、邮箱等。最后，还可以点击最下方的 compose mail（写邮件）按钮，直接给这些联系人发送邮件。

Hunter、Minelead、Contactout、skrapp 这四款插件的使用方法和之前介绍的插件用法大致相同，关键在于访问客户的企业网站或其 LinkedIn 个人主页，随后点击相应的插件图标来查看结果。读者在运用本书所介绍的方法搜寻潜在客户时，会发现某些方法能够查看详细的邮箱、手机号码等具体信息，而有些方法则仅能获取公司名称和网站信息。因此就要求综合运用这十款工具来全面查找所需的联系方式。

三、浏览器插件如何安装

通常情况下，这些实用的插件有两种安装途径。这里以 hunter 插件为例，来详细说明安装步骤。

1. 通过浏览器插件市场进行安装

首先，打开 Chrome Web Store（浏览器插件市场），在搜索框内输入插件名称 hunter，然后进行搜索。找到该插件，点击并进入安装界面，再点击 add to chrome（添加到浏览器）按钮，依照后续提示完成全部安装步骤。一旦安装成功，就会在谷歌浏览器的右上角看到该插件的图标。

2. 直接访问软件的官方网站进行安装

可以搜索并找到该插件的官方网址，然后在网站的搜索框中输入 chrome extension（浏览器插件），这样就能够找到相应的安装链接。点击 add to chrome 按钮后，按照页面上的提示完成安装过程。安装成功后，可以通过浏览器右上角的 hunter 图标来激活插件功能，并进入相应的内容显示界面。

市面上与此类工具相似的产品数量众多，本书仅对其中常用的十款进行了介绍。或许读者会心生疑问："这些插件的功能大体上都比较相近，为何要了解这么多不同的插件呢？"其实原因非常简单，不同的插件搜索得出的结果是存在差异的。例如，使用 Signal Hire 和 Email finder 这两款插件去查找同一家公司的邮件时，Signal Hire 能够查询到总监的相关信息，然而 Email finder 却无法查到。这正是本书一直所强调的"得信息差者得订单"这一原则的体现。谁掌握的信息比竞争对手越多，谁赢得客户的机会也就越大。你可以借助图 1-15 这个行动清单，利用浏览器插件寻找客户。

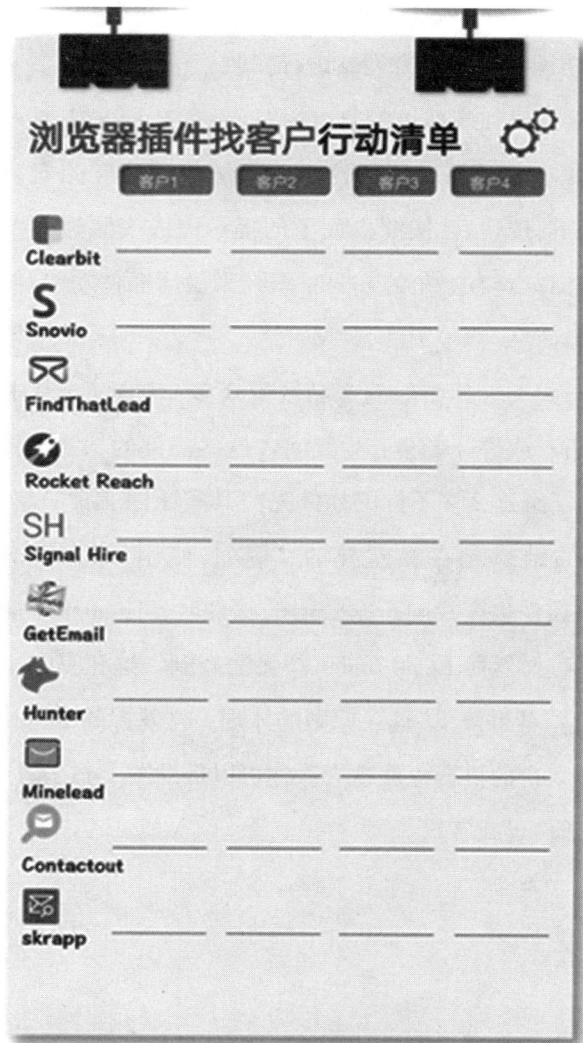

图 1-15　利用浏览器插件寻找客户行动清单

工具一："国外版企查查"助力查找实力客户

若要查询一家中国企业的法人是谁、注册资金数额、有无受到惩处以及股东信息等情况，有很多可以选择的工具，但对于跨境贸易从业者而言，他们面对的是海外企业。当遇到一家不熟悉的公司时，若想快速知晓该公司是否合法注册、是否仍在正常运营、注册地址与联系地址是否相符以及是否存在风险等信息，由于各国法律政策各异，不同国家的查询方式不尽相同，最终得到的信息也存在差别。

实用工具介绍

在此给大家推荐四个实用的工具。

1. 美国版企查查——Sunbiz

美国有 50 个州，且各个州一般都有自己的企业注册信息查询平台。本书以 Sunbiz 网站为例，详细讲解整个查询流程。

这个网站能够通过九种方式查询一家企业，分别是：entity name（公司名称）、officer（高级管理人员）、registered agent（注册代理人）、trademark（商标）、trademark owner（商标拥有者）、FEI number（FEI 号码）、document number（文件编号）、zip code（邮政编码）以及 street address（街道地址）。本书将以 entity name（公司名称）为例，阐述如何查询企业信息。

在 entity name 栏输入公司名称后，会呈现出许多使用该名称的公司。在此页面上，还能够借助 status（状态）查看这些企业的活跃状况。

这些状态具有如下不同的含义：

（1）active：代表这家公司在佛罗里达州是存续的。

（2）inact/inactive：表示该公司已经解散。

（3）inact/UA：意味着这家公司当前在市场上处于不活跃状态，但仍存在。倘若它未能在规定时间内提交年度报告，就有可能面临解散的情况。

（4）inact/CV：此状态表明该公司因进行实体转换而变得不活跃。

（5）name HS：显示该公司已变更其名称。

（6）cross RF：这种状态表示交叉参考，意味着该公司正试图在该州获取资格。一家企业可能在其他州有一个名称，但在佛罗里达州没有，所以会使用另一个名称在佛罗里达州开展运营。

点击期望查看的企业名称，即可进入详情页面。在这里能够看到详尽的企业信息，涵盖公司注册地址、注册时间、重要负责人的姓名及职位、每一年的年度报告链接以及公开发布过的文件链接。

2. "欧洲版企查查"——North Data

North Data 于 2011 年成立，总部位于德国汉堡，称为 the European companies search engine（欧洲公司搜索引擎）。North Data 能够提供清晰且详细的公司信息。这些信息皆来源于贸易登记册、公司报告、资金登记册、商标记录、专利登记等公开渠道，随后经由大数据处理和人工智能方法进行提炼编译，最终以交互式的可视化形式呈现出来。由于这些数据是面向公众开放的，所以即便缺乏相关法律专业知识也能够轻松理解。

North Data 设有免费版本和付费版本。对于业务员而言，在了解企业的可信度、真实性等基础信息方面，免费版本所提供的功能便已足够。下面以查询德国企业为例，来说明使用 North Data 查询后所能看到的信息。访问 North Data 网址后，在搜索框输入公司名称，下拉列表中便会显示具有相同名称的企业信息。选择想要查询的企业名称后，便会进入该企业的详情页面。在这里，可以看到非常丰富的信息，例如公司近几年的利润和营业额、旗下有哪些子公司、公开发表的资讯、发展历程以及公司介绍等。

由此不难看出，借助 North Data 这个查询工具，能够更为轻松便捷地掌握公司信息。它不仅能够帮助了解公司的背景情况，还能够助力规避风险。

3. 印度版企查查——Zauba Corp

Zauba Corp 是印度规模最大的商业研究平台以及企业信息查询工具之一。它主要从官方和第三方渠道采集数据，并对这些数据进行整理编译后予以展示。该平台基本上涵盖了所有在印度注册成立的公司信息，与企查查极为相似，不过其整合的资源相较企查查稍显匮乏，信息查询和检索分析的模式也没有企查查丰富多样。除了能够查看公司基本信息之外，Zauba Corp 还可以查看财务报告、员工人数、股本金额、联系方式、董事详情以及同地址企业等信息。倘若所查询的公司涉及起诉案件，在该平台上也会予以显示。

进入 Zauba Corp 网址后，便能看到搜索框。在进行搜索之前，需要点击右上角的 my account（我的账号）进行注册，这样便能够查看更多的信息。

需要注意的是，这个注册是免费的。在搜索框中输入想要查询的公司名称，随后便会进入搜索结果页面，在此可以看到如下信息：公司是否仍处于活跃状态、属于何种类型的企业、公司在哪个城市注册、注册时间、注册年限、商标、联系人以及详细地址等。若使用付费版本,则能够对相关企业进行监控,一旦该企业有信息变动,将会收到相关通知。

4. OpenCorporates

OpenCorporates 号称是全球规模最大的公司信息数据库之一,其中包含了来自 140 多个司法管辖区超过 2.3 亿家公司资料信息。其检索界面极为简洁,只需在搜索框中输入公司名称,并选择相应的司法管辖地区,就能获取到对应的信息。

OpenCorporates 的优势在于能够检索多个国家的信息,不过它的缺点在于,相较于国家专属的查询平台,它所提供的信息并非特别详尽,可能会比较简略。倘若需要对企业信息进行确认或者深入挖掘更多内容,建议前往具体的国家或地区的官方网站进行查询检索。

在搜索框输入一个企业名称,比如 TATA 时,会看到全球有 3 000 多家公司的名称中包含这两个字。右侧的工具栏提供了多种分类显示方式,包括 filtered by jurisdiction(按司法管辖)、filter by data held(企业数据类型)、filter by current status(企业当前状态)、filter by company type(企业类型)以及 filter by industry classification(行业类型),以便查找相关信息。接下来,选择要查询的企业并点击进入,便能看到详细的内容。

在这里,你或许会发现查到的信息并不是特别丰富,和在该公司的官方网站上看到的内容差不多。那么为什么仍然建议使用这个工具来查询呢?这是因为 OpenCorporates 属于第三方工具,而公司官方网站是可以自行任意修改内容的。这就相当于找了一个专业的第三方来确认这家公司是否真实存在。需要了解的是,这里所有的公告文件都可以在详情页面找到其来源,只要仔细探索,就能够挖掘出更多信息。

注意："有着停不下来的信息，才有不停前来的业绩。"信息差在很大程度上决定了能否成功获得订单。

工具二：网站分析工具助力探寻新机遇

在任何领域的竞争中，一个人如果都能清晰地认识到自身的优势与不足，那么他最终会促使自己不断进步。同样，在商业领域，通过研究竞争对手能够助力洞悉市场动态，借助一些分析工具还能找出对手所采用的策略，从而更好地理解哪些计划行之有效，哪些想法难以施行。

Similarweb 一款网站分析工具

提及 Similarweb，从事跨境业务的人都不会感到陌生，这是一家专门为企业提供网站分析服务的公司。它能够追踪竞争对手的网站流量、推荐来源、关键词分析、人口统计信息、页面浏览量以及跳出率等数据。那么，从这些数据中，能挖掘出哪些新机遇呢？

下面将以它的网站为例，来讲解这一问题。

打开想要分析的网站，并点击浏览器右上方的 Similarweb 拓展程序图标时，便会进入显示页面。在该页面上，可以看到该网站的一些基础信息，例如全球和行业排名，访问者数据（包括跳出率、访问页数、每月访问量以及逗留时长），还有访问者的来源地区和流量来源等信息。这些数据能够帮助你对这个网站形成初步的认识。

点击 go to similarweb（进入首页）或 more insights（更多资讯），即可进

入详细的数据界面。该页面显示有七大板块：overview（概览）、ranking（排名）、audience（受众）、competitor（竞争对手）、marketing channels（流量来源渠道）、ongoing links（导出链接）以及 technology（技术）。接下来，将详细分析如何利用这七个板块的信息和数据来发掘新的机遇。

1. 概览

此板块着重介绍网站的基本信息，诸如所在国家、创建年份、公司员工数量、总部所在地、年营销额、所属行业以及用户数据等。这些信息能够彰显网站在所处行业中的地位与影响力。就本例而言，该网站处于领先水平。而像访问量、跳出率、平均访问页数以及平均逗留时长这类用户数据，则能够反映出该网站的用户黏性。将这些数据与公司网站的数据进行对比，便能明确公司网站的优化方向，因为这些数据会直接对自然搜索排名产生影响。数据表现越好，自然搜索排名也就越高。

2. 排名

该板块按照行业、国家和全球这三个类别进行排名，主要关注的是 category rank（行业排名）。点击 see top website（查看更多网站）选项，就能够看到更多的排名情况。这里罗列的基本上都是直接或间接竞争对手，将这些网站信息添加到竞品网站找客户行动清单中，并依据前面介绍的方法，就能够找到更多的潜在客户。

3. 受众

借助这些数据，大致能够判断潜在客户来自哪里、年龄范围、性别以及对哪些领域感兴趣。从客户的来源地，可以分析还有哪些尚未发掘的新兴市场；从兴趣领域来看，能够知晓潜在客户关注什么、对何种内容感兴趣。接下来，可以在他们关注的平台上发布与之相关的内容。需要注意的是，这里只是一个竞争对手的情况。可以创建一个竞争对手资料库，将所有这些数据都收集起来。如此一来，对潜在客户的了解必定会比竞争对手丰富很多。以前开发客户只需掌握信息即可，如今开发客户还需要把握信息差。

4. 竞争对手

这个板块实际上与排名板块有着相同的作用，能够助力找到更多的竞争对手网站。除了可以将这些网站信息填入竞品网站找客户行动清单，并运用前面介绍的方法寻找客户之外，还能够使用 Similarweb 对这些网站进行分析，从而进一步丰富竞争对手资料库。首先要了解对方的"喜好"，而这些数据正是了解潜在客户"喜好"的关键所在。

5. 流量来源渠道

这是极具价值的一个板块，由六个部分构成：流量来源、关键词、推荐流量、展示广告流量、展示广告以及社交媒体流量。

Similarweb 把一个网站的流量来源划分为六个渠道，分别是直接、推荐、搜索、社交媒体、邮件和展示广告。通过这些数据，能够明晰营销工作应聚焦于哪些渠道。在本例中，Similarweb 有 60% 多的流量属于直接流量，这意味着许多用户都是直接访问该网站，从侧面反映出该品牌的知名度较高；第二大流量来源是自然搜索，占比 30% 多。在设计引流关键词时，可以采用 alternative to similarweb（Similarweb 网站的替代品）等关键词，以此截取 Similarweb 的流量。同时能够看出，他人推荐、社交媒体、邮件和展示广告这四个渠道的占比较小。这些都是 Similarweb 忽略的渠道，因而可以成为重点推广的方向。

倘若期望拥有庞大的流量，最为理想的方法便是让网站在搜索引擎中排名靠前。这需要借助经常发布包含关键词的高质量内容来实现。那么应当使用什么样的关键词呢？答案是采用竞争对手正在使用且具有流量的关键词。在本例中，Similarweb 使用了 1.8 万个关键词，如此众多的关键词，不会产生不够用的问题。可以找出这些关键词排名靠前的内容，倘若这些内容与自己的产品相契合，便可以将其运用到自己的网站上以提升排名。

若打算在社交媒体平台推广产品以引流客户，却不知该选择哪个平台，在此处便能找到答案。社交媒体流量能够显示哪些社交媒体为网站带来的流量较多，哪些较少。针对这些数据，有以下两种使用策略：

（1）从竞争对手相对薄弱的社交平台入手。不过，这种方式存在一定风险，因为这或许意味着该平台的流量相对较小，所以在前期需要先分析该社交平台的用户与目标客户的匹配程度。

（2）针对竞争对手表现优秀的渠道展开直接竞争。

推荐流量是指用户通过另一个网站的文章链接进入网站，这部分内容极具价值。也可以尝试在这些网站发布文章或者广告，从而将流量引流至自己的网站。可以分析推荐源是哪些网站，以及竞争对手是如何借助这些推荐网站产生流量的，比如内容创作、推荐方式、链接建设、评论策略等方面。依据这些信息，也能够规划出自己的引流策略。

展示广告指的是竞争对手在主流的广告网络和广告发布商处投放的付费显示广告。通过相关数据，可以了解所分析的网站是否投放了展示广告、在何处投放广告、给竞争对手带来流量排名前五的平台以及广告内容分别是什么。如果公司也有投放展示广告的打算，直接参考同行的投放平台和广告内容，能够极大地提高分析数据的效率。关于如何投放广告，第二章会有详细说明。

6. 导出链接

导出链接，亦被称为出站链接或外部链接，指的是从网站指向另一个网站的链接，换言之，出站链接就是其他网站的入站链接。为网站增添有效的出站链接，能够提升网站在搜索引擎中的自然排名。这是因为谷歌及其他搜索引擎都期望将流量导向更具吸引力的网站。倘若网站没有出站链接，那它就如同一个流量的"死胡同"。而拥有有效且可靠的出站链接，则是在向搜索引擎表明自己是该领域的权威。并且，当将流量导出到其他网站时，这些网站通常会对这种推荐心怀感激，甚至可能会以同样的方式予以回报。如此一来，便与其他网站构建起了友好的流量传输关系。而这些好处都建立在出站链接所提供的内容具有价值且值得信赖的基础之上。

对于跨境网站运营者而言，他们面临的最大难题在于不清楚应当设置何种出站链接。而这正是导出链接所能提供的极具价值的参考。你可以了解到竞争对手的网站是如何设置出站链接的，同时也清楚它们的出站链接指向何处。这也意味着这些导出链接或许与公司的业务存在关联。除了能够依据这些数据规划出站链接策略之外，还能够尝试访问这些链接，看是否能够从中寻觅到潜在客户，或者挖掘到之后能够与客户进行深度交流的行业信息。

7. 技术

在这一板块中，会展示该网站所运用的技术，涵盖建站协议、推广营销工具等方面。不过，此处所展示的技术信息并非十分全面。因此，推荐将这个工具与 Wappalyzer 插件结合使用。如此一来，便能够查看该网站所采用的建站工具以及营销推广工具，进而发现哪些推广方式是未曾使用但效果良好的，然后直接把这些策略运用到自己的网站中。

　　常言道:"工欲善其事,必先利其器。"善于运用这些工具,不但能够提升工作效率,更为重要的是,能够助力获取更具价值的信息。借助这些信息,能够探寻到新的市场机会,并制定出契合客户需求的营销推广策略。

第二章
02

搜索引擎：精准投入，让客户询盘不间断

在本章中，将借助如下内容以较少的投入获取高效的谷歌推广询盘：

- 三个优势理解为什么要学会谷歌推广。
- 如何正确设置账号，避免被竞争对手淘汰？
- 如何选择适当的关键词提高客户找到的概率？
- 没人点击广告？那是因为没有写好广告语。
- 如何设定广告以获得更多流量？
- 一个实用工具，帮你判断账号有效性。

第一节 推广：利用谷歌广告，
吸引全球客户主动询盘

业务员小吴所在的公司属于工业制造和商贸流通一体化的类型，主要从事空调设备的生产和销售业务。在涉足海外市场初期，该公司选择在一些海外黄页网站投放广告。经测算，每获取一条潜在客户的线索大概要花费200元。如此高昂的广告成本，使得公司基本无利可图。

一、谷歌广告的三个优势

在梳理了业务模式之后，该公司停止黄页广告投放，转而使用谷歌广告。于是，开展了一个专门面向住宅和商用暖通空调设备经销商、代理商、进口商的广告活动。最终成功地把每条线索成本降到了69元，转化率还达到了41%。为何使用谷歌广告后能有如此显著的效果呢？这主要归功于以下三个优势。

1. 让你从竞争对手中脱颖而出

谷歌是全球使用广泛的搜索引擎，据Similarweb网站的数据显示，谷歌每月总访问量高达数百亿次。倘若不进行谷歌推广，那就等同于自动放弃了这些庞大的流量来源。

　　潜在客户在谷歌上寻找供应商的方式如下：假设一个客户正在寻找中国的 LED 灯供应商，他会登录谷歌并在搜索框中输入 led lamp manufacturers in China（中国 LED 灯制造商）。在搜索结果界面中，可以看到谷歌广告排名以及自然搜索排名。以这个搜索为例，谷歌广告排名的前两位都是中国厂家，第三位则是一家英国厂家；自然搜索排名的前两位并非 LED 灯厂家，而是包含中国十大 LED 灯厂家相关资讯平台的网址以及中国制造的网址。在这种情形下，潜在客户很有可能直接与谷歌广告排名前两位的中国厂家取得联系。这便是潜在客户寻找合作供应商的真实状况：如果他们通过谷歌搜索所得到的结果表明竞争对手能够满足自身需求，就会更倾向于选择竞争对手而非你。

　　不仅如此，你的竞争对手不只是中国的制造商同行，还包括国外的制造商同行，更有资金雄厚的 B2B（企业对企业）平台以及资讯平台。根据数字营销公司提供的数据，在全球范围内，有 80% 的公司都在利用谷歌广告来推广自家业务，其中涵盖了大公司、小公司、B2B 公司和 B2C（企业对消费者）公司。

　　由此不难看出，如果打算进军海外市场时，市场容量可能会扩大 10 倍，而竞争对手的数量同样也会增加 10 倍。尤其对于那些缺乏访问数据的新网站而言，可能要花费数月甚至数年的时间才能够在谷歌搜索结果中出现，因为这期间需要投入时间来证明自身具备被更多人搜索到的价值。

　　需要注意的是，在对自己公司的网站进行优化时，那些已经做得相当出色的网站也在持续优化，因此很有可能是即便花费了数年时间，依然无法让公司的网站出现在谷歌搜索首页。要知道，没有曝光率就不会有流量,公司难以被更多人看到。

但如果使用了谷歌推广,就能够通过对竞价数据的优化来提升网站的排名。如此一来,就能够增加潜在客户看到网站的可能性,从而在激烈的竞争中崭露头角。

2. 让你的广告覆盖整个互联网

广告大师比尔·伯恩巴克曾言:"人们不会在意你投放广告的频次,关键是对广告能否留下深刻印象。"当潜在客户对公司的广告形成印象时,品牌便会在其心中占据一定的位置,一旦有相关购买需求,他们就会想到这个品牌。

一般而言,仅仅凭借一次广告、一通电话或者一封邮件很难促成订单,往往需要多次的沟通与互动,有时订单就在即将达成时悄然流失。

之前我为一个国外客户采购女士纯银手链时,经朋友介绍联系上了几家中国厂家,获取了产品清单和报价。同时,我也在谷歌上搜索过一些供应商信息。之后,在阅读某篇博客文章以及观看某个视频时,都看到了同一个中国厂商的广告。由于在不同平台多次看到类似的广告,不禁好奇地点击链接进入该厂商的官方网站,发现这家中国银饰生产商的图片拍摄精良、产品介绍专业,于是给他们打了询盘电话。在后续的沟通中,我发现他们专注于跨境海外市场,对海外市场热门产品、物流特殊之处等有着丰富的经验,考虑到发货、付款、售后服务等方面的便捷性,最终选择与该中国供应商合作。

许多业务员都会有这样的困惑:"和这个客户前期沟通十分顺畅,客户态度也很满意,可突然有一天,客户就像消失了一般,电话不接,邮件也不回。"或许我的采购案例就解释了其中的一个原因——客户可能已经找到了更合适的供应商。为了降低此类风险,需要一种能够覆盖全网多个渠道的广告形式。这便是谷歌广告的第二大优势:谷歌广告不仅在谷歌搜索引擎中进行投放,目前还会在全球多达300多万个网站上进行推广。这300多万个网站统称为谷歌广告联盟,覆盖了目前全球95%以上的互联网用户。表2-1展示了谷歌广告投放网站的行业类别与数量。也就是说,在谷歌投放广告后,能够选择在这300多万个网站中同步推送广告内容。如此一来,就能将目标群体拓展到更为广泛的范围。潜在客户可能是在浏览新闻时看到公司的广告,可能是在阅读专家博客时注意到公司的广告,也可能是在观看视频时留意到这一广告……这就会让潜在客户产生一种公司广告无处不在的感觉。

表 2-1　谷歌广告投放网站行业类别与数量

行业类型	网站数量(个)	行业类型	网站数量(个)
互联网与电信	85 808	家居与园艺	8 315
食品与饮料	36 172	旅游	5 497
科技	35 226	教育与职业	4 536
游戏	21 968	房地产	4 034
体育	17 497	美容与健身	3 665
新闻	15 529	法律与政府	2 395
书籍与文学	15 214	工业	1 913
汽车业	13 775	健康	1 839
爱好与休闲	13 645	财务	1 366
艺术与娱乐	12 683	购物	740
动物	12 446	科学	475

还有一种情形,在展会上结识了一个新客户。发送邮件之后,客户对产品表现出浓厚的兴趣。此时,客户往往会在谷歌上搜索公司的相

关信息,如果能够成功被搜索到,就表明是一家具有实力且正规的企业,这在一定程度上又加深了客户对公司的信任。

之后,当客户在阅读某篇博客文章、观看某个视频或者浏览某条时事新闻时再次看到广告,这些都有助于强化品牌名称、彰显品牌个性、提升品牌声誉,都是增强客户信任的必要举措。重复这类事情的次数越多,品牌影响力就会越发强大。如此一来,就能赢得更多潜在客户的信任,而信任正是达成交易的关键前提。

3. 帮助你减少额外开支

许多传统企业在涉足跨境业务时,往往会优先考虑在阿里巴巴国际站注册账号开展运营。你是否思考过,像阿里巴巴国际站、中国制造、环球资源、Shopee(虾皮)等跨境 B2B/B2C 平台的流量究竟源自何处?

答案是:谷歌这类搜索引擎便是其流量来源之一。

在谷歌中搜索 candy tin box Chinese manufacturer(糖果锡盒中国制造商)时,便能看到阿里巴巴国际站的广告。这意味着阿里巴巴国际站会借助谷歌来吸引流量至其官方网站,随后再将这些流量分配给在国际站投放广告的商家。也就是说,支付给国际站的费用中,有一部分实际上是用于支付谷歌的广告费用,这无疑增加了营销成本。

倘若直接通过谷歌进行广告推广,所带来的流量将直接导向公司的网站。如此一来,公司与平台处于同等的竞争位置,而不是在平台获取流量后再与其他竞争对手争夺这部分流量。在互联网商业环境中,需要做的就是努力让自己的产品展现在互联网上,让更多潜在客户看到。

二、谷歌推广的广告形式

谷歌广告是一个广告平台,它涵盖了谷歌搜索引擎、搜索合作伙伴、谷歌展示网络、受众、网站、视频、社交媒体频道、移动应用程序等多个部分。广告商能够利用谷歌广告为自己的网站引入有针对性的流量，从而提升转化率。

谷歌提供了五种广告类型，具体如下：

1. 搜索广告

搜索广告（search）是指当用户在谷歌搜索引擎中输入关键词后所呈现的文本广告。这类广告在链接前方带有 sponsored（赞助）标识，是大家最为熟悉且常见的广告类型，其主要收费模式为按点击付费，即只有当点击了链接，谷歌才会收取费用。

2. 展示广告

展示广告（display）也被称为谷歌广告联盟。如前文所述，目前谷歌在全球拥有 300 多万家合作网站，覆盖了全球 95% 以上的互联网用户。展示广告不会出现在谷歌搜索结果中，而是会展示在这些第三方合作网站上，例如在美国的新闻网站和博客网站上展示的广告。当潜在客户访问这些网站时，就有可能看到广告。实际上，展示广告是一种被动展示的广告形式，你无法控制广告的展示位置、展示时间以及展示对象，这些都由谷歌的算法决定。不过，其优势在于能够覆盖更广泛的群体。

展示广告有两种收费方式：展示收费和点击收费。展示收费通常是指每展示 1 000 次，收取一次费用，无论对方是否点击、是否真正看到这一广告，只要进行了展示就开始计费，这种收费方式适合用于打造品牌知名度；点击收费则与搜索广告类似，点击一次收取一次费用，不点击则不收费。

3. 购物广告

购物广告（shopping）主要是在 Google Shopping（谷歌购物）界面上

49

出现的广告,更适合在线 B2C 本地业务。需要注意的是,当使用购物广告时,谷歌是根据网上商店的产品数据,而非用户的关键词,来确定广告的展示方式和位置。该广告会呈现详细的产品信息,如价格、产品图片等。购物广告并非将你的品牌作为整体进行营销,而是侧重于推广特定的产品或产品线。例如,在谷歌购物中搜索特定产品时,会看到不同品牌的广告。如搜索 led manufacturers(LED 制造商)时,下方会出现众多商家的广告。

4. 视频广告

视频广告(video)主要以视频形式在各大平台展示,这些平台包括国际社交媒体及其他谷歌视频合作伙伴。点击广告链接后,可以看到详细的视频广告内容。视频广告的形式多样,包括可跳过的插播广告、不可跳过的插播广告、导视广告、外播广告、视频发现广告等。

视频广告有两种收费形式:一是用户观看广告视频达 30 秒以上(如果视频时长短于 30 秒,则播放完即收费);二是用户点击了视频中的链接。

5. 应用广告

应用广告(discovery)是指广告将以图片形式(单图或轮播式图片)在谷歌应用市场(Google Play)、谷歌发现(Google Discovery)、谷歌邮箱(Gmail)等应用上展示。只需制作一个广告系列,输入广告的组成要素,如标题、图片等,谷歌就会在各种设备或应用上展示你的广告,并自然地融入用户浏览的信息流中。

综上所述,谷歌推广要点如图 2-1 所示。

谷歌推广要点总结

选择谷歌推广的三大优势

① 让你从竞争对手中脱颖而出

② 让你的广告覆盖整个互联网

③ 帮助你减少额外开支

谷歌推广的五种广告形式

搜索广告　　展示广告　　购物广告

视频广告　　应用广告

图 2-1　谷歌推广要点

第二节　账号:若设置不当,将被竞争对手超越

常言道:磨刀不误砍柴工。只有先将"刀"——也就是工具磨得锋利,砍柴时才能收获更多且效率更高。即便起步比他人晚,砍的柴也可能比别人多。在谷歌推广中,这个关键的"刀"便是账号设置。下面将讲解完成账号设置。需要注意的是,不同版本的显示界面可能会有所差异。

第一步:创建谷歌广告账户

登录谷歌广告网址,点击 start now(现在开始)来创建谷歌账户。倘若你已有谷歌账号,就可以直接使用该账号注册谷歌广告账号;若没有,则需先注册一个谷歌账号,再创建谷歌广告账户。

第二步:创建谷歌推广账号

进入 what's your main advertising goal(你的主要广告目标是什么)界面后,向下滚动至最下方的 switch to expert mode(切换到专业模式)并点击进入专业版本。在此处,可以选择活动目标并开始创建活动。在首次创建账号时,建议点击页面左下方的 create an account without a campaign(创建一个没有活动的账号),进入 confirm your business information(确认业务信息)界面创建账单信息。在这里,可以选择国家、时区和币种,最后点击 submit(发送),随后会收到一条确认信息:"Congrats! You're all done."(恭喜! 都做完了。)。创建谷歌账号无须支付费用,只有在广告被点击时,谷歌才会扣除相应费用。

第三步:设置账单信息

点击 tools and settings(工具和设置),在其中找到 billing(账单),然后选择 settings(设置),如此便能进入账单设置界面。在此界面中,可以选择信用卡或者借记卡作为扣费方式。

第四步:连接谷歌广告和谷歌分析账户

将谷歌广告账户与谷歌分析账户进行连接,这样就能够查看完整的访客数据信息,了解用户与网站是如何互动的。借助这些数据,便清楚该如何优化广告和网站,从而提高最终的转化率。

首先,进入 Google Analytics(谷歌分析)网站,点击界面左下方的"设置"图标,进入 admin(管理员)界面。向下滚动可以看到右侧有"谷歌广告 Links(谷歌广告链接)"图标,点击 link(链接)进入设置界面。完成三个步骤后进入完成界面,此时可以看到 LINK CREATED(创建链接)图标。最后回到主界面,就能够看到已经增加了一个账号。

在谷歌分析账号里设置完成后,相关信息会同步到谷歌广告账号。选择 tools and settings(工具和设置)里的 linked accounts(链接账号),即可进入结果显示界面,在此可以看到所有能够链接到谷歌广告账号的账号。

第五步:设置跟踪 ID

为何谷歌能够获取网站的访问数据呢?这是因为在网站中设置了跟踪 ID(tracking ID)。谷歌依靠这个 ID 号来追踪访客数据。可以说,要是没有设置这个 ID,就无法追踪相关访客数据,后续也就不知道该如何优化广告了。

可以在谷歌分析官方网站里,点击下图右下方的"设置",选择 data stream(数据流)进入设置界面。这里有网页、安卓手机和苹果手机三个平台可供选择。本案例以网页(Web)为例。进入设置界面后,填写网址链接,并为这个跟踪行为命名。在这个界面中,你还能看到设置好跟踪ID后可以追踪的数据。如果这些数据不满足需求或者过多,都可以点击旁边的"设置"进行修改。设置完成后点击下方 create stream(创建流),即表示创建成功。新的谷歌跟踪 ID 是以 G-开头,旧的是以 UA-开头,有些网站可能仍然需要 UA-开头的跟踪 ID。找到这个跟踪 ID 之后,需要将其复制到网站中,这样谷歌才能进行跟踪分析。

第六步:设置转化跟踪

在谷歌广告中,转化指的是用户在点击广告或者看到展示广告、网络广告之后执行了某项特定操作,例如购买产品、安装移动应用或者注册电子邮件收件人列表等。转化跟踪(conversion tracking)是一项免费工具,它会展示访客在与广告互动之后发生了哪些情况——是否购买了产品、订阅了邮件列表、给企业打了电话或者下载了应用程序等。只要访客执行了一次这些特定操作,就会被计为一次转化,这是衡量谷歌广告是否成功的重要指标。

下面以"填写表单"为例,来说明如何完成转化跟踪的设置。许多网站都设有填写表单的功能,当访客填写完表单后会进入一个 thank you(谢谢你)界面,期望通过谷歌分析工具来追踪这一数据。

在谷歌分析界面中选择"设置",点击 view(显示)栏里的 goal(目标),然后点击 new goal(新目标)来新建一个目标,进入目标编辑界面。按照提示填写目标名称、选择类型,点击 continue(继续)后填写域名,根据需求设置 value(值)和 funnel(漏斗),最后保存。之后在 goal(目标)界面中就能看到新建的这个 confirmation page(确认页)目标。

目标建立完成后,每当有人填写表单并点击 Send(发送)按键,谷歌就会收集这个数据。还可以为这个行为设置一个值，即转化操作设置。设置好之后便可以在谷歌广告里查看相关数据。具体页面路径为：tools and settings（工具和推广）→conversions（转化），点击"新建"按钮，在 import（导入）中选择刚创建的 confirmation page（确认页），就能看到相关数据。选择从谷歌分析导入需要转化的操作，最终会收到一条成功导入的信息："You've imported 1 goal from Google Analytics."（你已经从谷歌分析里导入一个目标。）。

完成上述步骤后，还有一项工作要做，那就是对转化进行具体优化，包括对转化进行分类、设置转化值以及决定是否要将该转化包含到活动的转化率中。有两种方法可以实现，回到 conversion（转化）界面，可以选择 conversion actions（转化操作）和 conversion action sets（转化操作组）。可以在 conversion actions 中对转化操作进行单独优化，也可以在 conversion action sets 中进行批量操作。

这里以 conversion action sets 为例。点击"新建"按钮后进入新建界面，在这个界面中，可以设置转化操作组的名称，并选择想要转化的目标，例如在本案例中选择 confirming page（转化页）和 marketing page（市场页）这两个操作。confirming page（转化页）就是之前新建的表单提交目标，意味着当访客点击其中一个页面时，谷歌分析就会将这个操作视为一个转化并收录起来。这样就成功建立了一个转化操作组。

怎样创建转化操作组呢？首先，点击 conversion action sets（转化操作组），然后点击+按键，即可进入创建界面。在此界面中，填写要创建的组的名称，例如 conversion page action（转化页操作）。接着，添加之前已经创建的目标，即 confirmation page（all web site data）（确认页所有网站数据）和 marketing page（all web site data）（市场页所有网站数据）这两个目标,这意味着将这两个目标设定为同一个转化操作组。点击 save (保存)后,便能在 conversion action sets(转化操作设置)界面里看到刚刚新建的转化操作组。如此一来,就可以针对这些不同的目标设置相同的转化操作了。

接下来是转化值的设置。回到谷歌广告主界面,选择 tools and settings(工具和设置)→measurement(测量)→conversion(转化),选择你想要设置转化操作的名称后进入设置界面,点击下方的 edit setting(编辑设置)进入编辑界面,然后选择 value(值)来设置每一次点击所计算的金额。

第七步:选择归因模型

客户从最初的访客到最终实现转化的过程中,可能会经历多次互动。归因模型的作用就在于确定这些互动对转化分别起到了多大的作用。选择恰当的归因模型,能够更有效地把控每次广告互动所带来的转化值,并且有助于在客户的整个购买周期内制定不同的策略。

谷歌广告提供了六种不同的归因模型,分别是:last click(最后一次点击)、first click(首次点击)、linear(线性)、time decay(时间衰减)、position based(基于位置)和 data-driven(数据驱动)。下面以客户购买鼠标为例,来说明这六种归因模型的差异:

假设客户的访问路径及行为是:先搜索"中国最好的鼠标厂家",接着搜索"无线鼠标怎么选",然后搜索"无线鼠标 VS 蓝牙鼠标",最后搜索"适合笔记本的鼠标",并在访问网站后写了一封询盘邮件。

(1)在"最后一次点击"模型中,最后一个关键词"适合笔记本的鼠标"将独享 100% 的转化功劳值。这是一个简单直观且应用极为广泛的单触点模型。其缺点在于与用户的真实行为路径存在较大偏差。该模型适用于转化路径较短、决策周期较短的业务，尤其适用于那种用户点击广告后直接进入商品购买详情页的业务场景。

（2）在"首次点击"模型中，第一个关键词"中国最好的鼠标厂家"将获得100%的转化功劳值。它同样属于单触点模型，其优点和缺点与"最后一次点击"模型相似。此模型不适用于转化路径较长、决策周期较长的业务，而适用于那些品牌知名度较低、希望关注能带来客户的初始渠道的情况，特别是当需要明确哪些渠道对拓展市场有帮助时。

（3）在"线性"模型中，每个关键词都能获得相同的转化功劳值，即各得25%。与"最后一次点击"和"首次点击"的单触点模型不同，它是最简单的多触点模型，会综合考虑不同营销渠道在整个转化漏斗中的作用。不过，该模型不适用于某些渠道贡献值特别高的业务，例如线下门店。这个模型适合那些期望在整个销售周期内持续与客户保持联系并维持品牌认知度的业务。

（4）在"时间衰减"模型中，由于"适合笔记本的鼠标"是距离转化最近的搜索关键词，所以它将获得最多的转化功劳值；而最早被搜索到的"中国最好的鼠标厂家"获得的转化功劳值最小。这种模型适用于客户决策周期短、销售周期短的业务。例如，如果只进行了两天谷歌推广广告投放，那么这两天的广告就应该被赋予较高的权重。

（5）在"基于位置"模型中，"中国最好的鼠标厂家"作为首个关键词和"适合笔记本的鼠标"作为最后一个关键词，各获得40%的功劳值；中间的"无线鼠标怎么选"和"无线鼠标 VS 蓝牙鼠标"这两个关键词则各得10%的功劳值。该模型适合那些极为重视线索来源以及促成销售渠道的业务。

（6）在"数据驱动"模型中，每个关键词所获得的功劳值取决于其对推动转化的贡献大小。这是一种较为智能的模型，它能够依据你的转化路径数据，明确每次点击所带来的转化量。不过，按照谷歌广告的要求，要使用这个模型，账号需要在30天内至少有300次转化或者3000次广告互动。随着账号数据的不断丰富，计算结果会越发精确。换句话说，如果账号数据未达到上述要求，就无法使用该模型。

如图2-2清晰地展示了这六种归因模型的转化值计算方式。每种归因模型都存在各自的优缺点，并没有一种适用于所有情况的通用策略。需要依据自身的业务模式和广告目标，先确定一个合适的模型，然后结合实际情况进行相应的调整和测试。最终可能会发现，最适合自己的归因模型并非预先设想的那个。

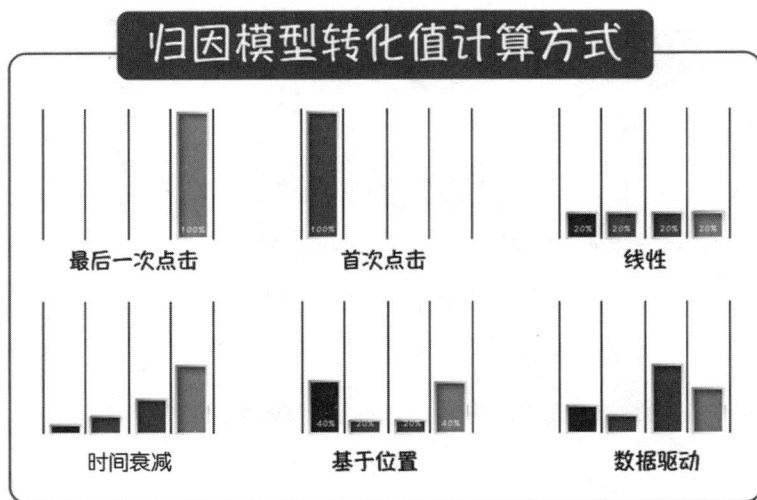

图2-2 六种归因模型的转化值计算方式

那要如何设置归因模型？进入conversion action settings（转化操作设置）里，往下拉点击attribution model（归因模型）选择想要的模型。

可以利用图2-3所示的清单，检查谷歌推广账号是否设置好。

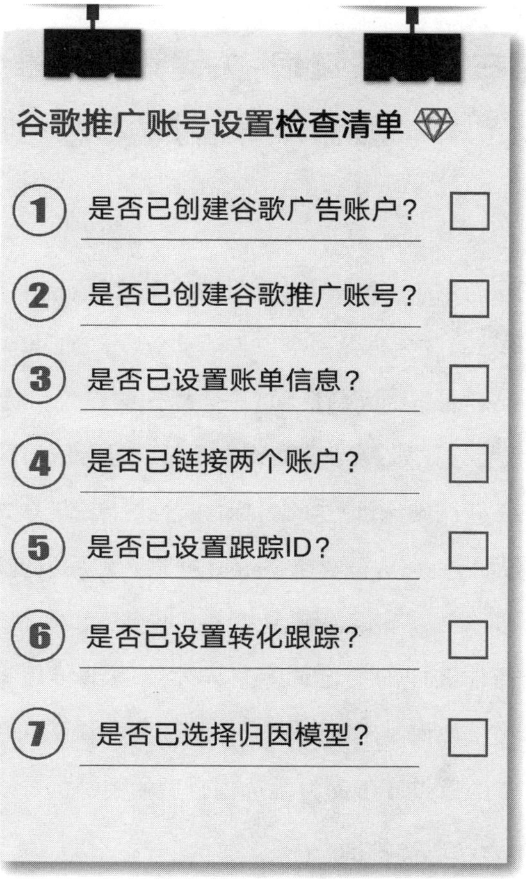

图 2-3 谷歌推广账号设置检查清单

第三节　关键词：关键词不精准，
搜索难寻客户

在完成前面介绍的七个账号基础设置步骤之后，接下来便要进行广告投放设置操作。首先要创建一个广告活动，点击"加号（+）"，在谷歌广告中创建一个 new campaign（新活动）。选择你的广告目标后，就能看到相应的功能与设置。比如，若期望访客在观看广告后访问网站，那么可以选择 website traffic（网站流量）这一目标，接着选择广告类型（广告类型在前文已有详细说明）。在这里选择 search（搜索），然后设置好落地页和名称，再依据提示步骤逐步确定关键词、撰写广告文案以及制定预算。

究竟该选择什么样的关键词？怎样才能写出转化率高的广告文案？投放预算又该如何制定呢？这三个问题将在接下来的三个小节中详细阐述。本节的重点在于助力挑选到合适的关键词。

第一步：确定核心关键词

谷歌搜索广告是基于关键词与用户搜索词的匹配来运作的。只有当用户在搜索框中输入关键词时，相应的关键词广告才会被触发，如此一来，网站就会如同变魔术一般出现在搜索结果里。简单来讲，设置的关键词与用户搜索词匹配度越高，获得的流量就越多。所以，在投放广告之前，需要先了解潜在用户会搜索哪些词才能看到广告。一个优质的关键词能够助力以更低的价格在更优的位置展示广告，这样客户才有机会搜索到产品；反之，糟糕的关键词会使出价更高，但广告位置却更靠后，导致客户根本搜索不到广告。

英语关键词通常可分为两类：核心关键词和长尾关键词。核心关键词，也被称作"主要关键词"，是指那些最能描述产品、与产品相关性最强且搜索量相对较大的词汇。这类词通常是产品词或产品类别词，一般不超过三个单词。长尾关键词源于克里斯·安德森的《长尾理论》一书，指的是由修饰词和核心关键词组合而成的关键词短语，相较于核心关键词更长，通常由三个或更多单词组成。虽然长尾关键词的搜索量比核心关键词少，但它更为具体，竞价也更低，具有特定的意图或含义，以及更明确的搜索意图。例如，LED lamp（LED 灯）就是一个核心关键词，而 how to find the best LED lamp in China（如何在中国找到最好的 LED 灯）就是一个长尾关键词，这种词带有强烈的购买意图，因此会带来更高的转化值。

把产品名称或产品类别翻译成英文，像"LED 洗墙灯"就翻译成 LED wall washer light。然后在谷歌图片里搜索这个关键词。要是搜索出来的结果和所销售的产品比较匹配，就可以把这个词定义为核心关键词。其他语言也是用同样的办法。

第二步：拓展长尾关键词

市场上存在众多用于拓展关键词的工具，在此推荐一款极为常用的工具——谷歌关键词规划师。在谷歌广告账号里，点击 tools and settings（工具和设置）中的 keyword planner（关键词规划师），就能进入规划师界面。

接着，会看到两个选项：discover new keywords（发现新关键词）和 get search volume and forecasts（获取搜索量和预测）。discover new keywords（发现新关键词）的作用是，输入跟业务密切相关的产品或服务，从而助力找到更多新的关键词。需要注意的是，从关键词规划师获取到的关键词精准程度,取决于在此处输入的信息详细程度。

选择 discover new keywords(发现新关键词)后,可以看到两个选项卡,start with keywords(从关键词开始)和 start with a website(从网站开始)。start with a website(从网站开始)是专门为谷歌广告用户设计的,可以从竞争对手的网站或一些行业博客网站中找到可靠的关键词,这种方法特别适合用于寻找竞争对手所使用的关键词。在 start with keywords 选项里输入那些能够描述产品和业务的单词或短语,最多可以输入 10 个关键词,可以选择不同的语言和想要开发的国家。

如果已经建好独立站,也可以把独立站链接输进来。这样可以帮助谷歌更好地发现适合产品或服务的关键词。设置好这些之后,最后点击 get results(获取结果)即可看到最终的结果。

在 keyword ideas(关键词列表)界面中,可以看到推荐的关键词以及它们的搜索情况和竞价价格。点击 avg. monthly searches(每月搜索量)能够按照月度搜索量从高到低对所有关键词进行排序。还可以点击 download keyword ideas(下载关键词列表)来下载表格。紧接着就能从这个表格中提取长尾词。

长尾词主要涵盖五种类型:

(1)描述产品特色的属性词:例如颜色、材质、用途、场景、特点、人群、尺寸等;

(2)想要获取答案的信息词:像 how to(如何使用)、what is(什么是)、why(为什么)、tutorial(教程)等;

(3)引导选择的商务词:比如 the best of(最好的)、review(评论)、compare of(……的对比)、alternative to(……的替代品)等;

(4)完成指定动作的交易词,诸如 buy(购买)、cheap(便宜的)、for

sale online（网上出售）、download（下载）、sign up（注册）、register（登记）、quote（报价）等；

（5）访问某个网站的导航词，也就是具体的网页链接，比如×××.com、near me。

关键词、核心词提取和长尾词提取见表2-2。

表2-2　长尾词提取表

关键词	核心词提取	长尾词提取
led wall washer light	led wall washer light	
wall washers	wall washers	
wall washer downlight		downlight
wall wash lighting outdoor	wall wash lighting	outdoor
led wall washer lights outdoor		
wall washer lights for art	wall washer lights	for art
wall washer light ceiling		ceiling
wall wash landscape lighting		landscape
luminaria wall washer	wall washer	luminaria
wall washer uplight		uplight

除了运用关键词工具之外，还可以到阿里巴巴国际站、亚马逊等跨境平台去查看那些商家都采用了哪些长尾词。图2-4展示的是从阿里巴巴国际站找到的长尾词。阿里巴巴国际站的关键词同样适用于谷歌推广，这是因为这些跨境平台的部分流量是从谷歌引过来的。所以这些关键词具有通用性。

把核心关键词和四种长尾关键词相互组合，如此便能得到关键词列表。借助表2-3能够组合出数量众多的长尾关键词，例如将核心关键词与属性词组合，能够得到led wall washer light outdoor；把核心关键词、

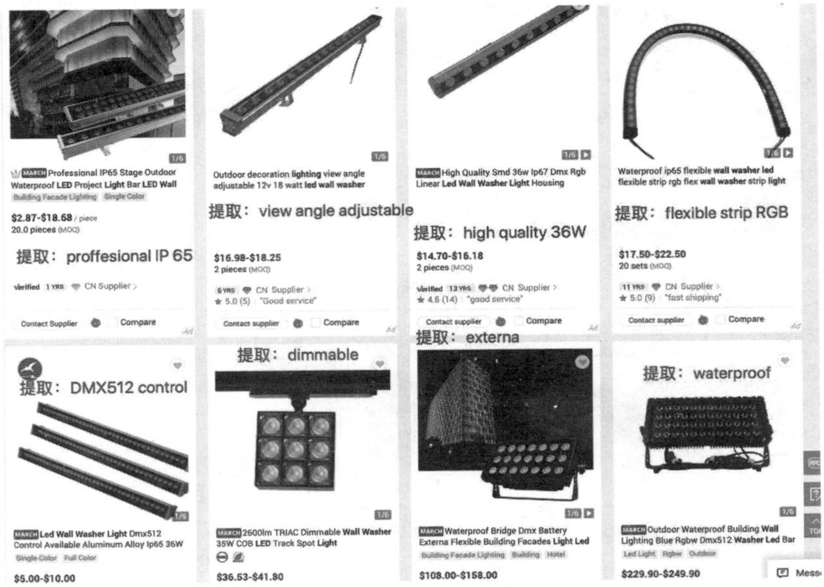

图 2-4   在阿里巴巴国际站提取长尾词

属性词、信息词、商务词以及交易词依次组合，就能够得到 how to buy the best of linear wall washers 等。

表 2-3   关键词列表

核心关键词	属性词	信息词	商务词	交易词	长尾关键词
led wall washer light	downlight	how to	the best of	buy	how to buy the best of led wall washer light downlight
wall washers	outdoor	what is	review	cheap	what is outdoor wall washer
wall wash lighting	linear	why	compare of	for sale online	why do you need linear wall wash lighting
wall washer lights	recessed	tutorial	alternative to	download	recessed wall washer lights
wall washer	indoor			sign up	indoor wall washer
	rgb			register	review of outdoor wall washer
	linear			quote	cheap outdoor led wall washer light

第三步:筛选排序关键词列表

把获取到的长尾关键词复制到 discover new keywords(发现新的关键词)当中,就能够获取到关于这些关键词的数据分析情况。在此处,可以设置目标市场、查看关键词的语言、搜索网络以及日期范围。目标市场和语言的选择依据是打算推广的国家。搜索网络的选择取决于是希望在谷歌网站上投放广告,还是在谷歌搜索合作伙伴网站上投放广告。谷歌搜索合作伙伴网站包含其他搜索引擎、社交媒体等。这里建议选择"谷歌",日期范围建议保持默认的"12 个月"。

除了上述这些基本设置之外,还有一个极为重要的功能——add filter(添加过滤器),它能够帮助过滤掉一些不必要的信息。可以通过 contains(包含)来选择是否包含特定的关键词。例如,假设刚刚推出了一款 blue t-shirts(蓝色 T 恤),那么可以在这里选择包含这个关键词,以确保它能够出现在关键词规划师建议的关键词列表中。同样地,也可以排除一些关键词。

competition(竞争力)选项中有 high(高)、medium(中)、low(低)这几个选项。这其实是让很多人感到困惑的地方,因为谷歌关键词规划是为了谷歌广告而设计的,所以这里的"竞争"分数仅仅是指关键词在谷歌广告中的竞争程度,而非关键词在谷歌自然搜索结果中的排名竞争程度,建议此选项空着不填。top of page bid(页面顶部竞价)指的是期望为广告出现在页面顶部而支付的金额,有两个选项"高于"和"低于"。这里建议将其设定在"低于"的范围,这样可以过滤掉那些没有任何商业价值的关键词。

第四步:挑选关键词

经过设置,已经将结果筛选成了最适合自身业务的关键词。接下来的工作便是对这些关键词进行分析。

可以依据 avg. monthly searches（月平均搜索量）来进行排序，一般来说，平均搜索量越高，该关键词能够为你带来的流量也就越多。不过，需要注意那些具有季节性的关键词，例如"万圣节 LED 灯"这个词，在 10 月份可能会有 50 000 次的搜索量，而在 5 月份仅有 100 次的搜索量，但谷歌关键词规划师统计出的结果是这个词"每月有一万次的搜索量"，这显然是不够精准的。

还可以根据 competition 来排序。正如前面所提到的，这里的竞争指的是竞标该关键词的广告商数量，如此一来，便能帮助判断这个词是否具备商业价值。通常来说，建议出价越高，当用户登录网站时就越有可能成为客户。

top of page bid 是衡量关键词是否具有盈利潜力的另一个有效方法，这里的出价越高，意味着流量越有价值。

可以借助图 2-5 所示的这个清单进行关键词选择。

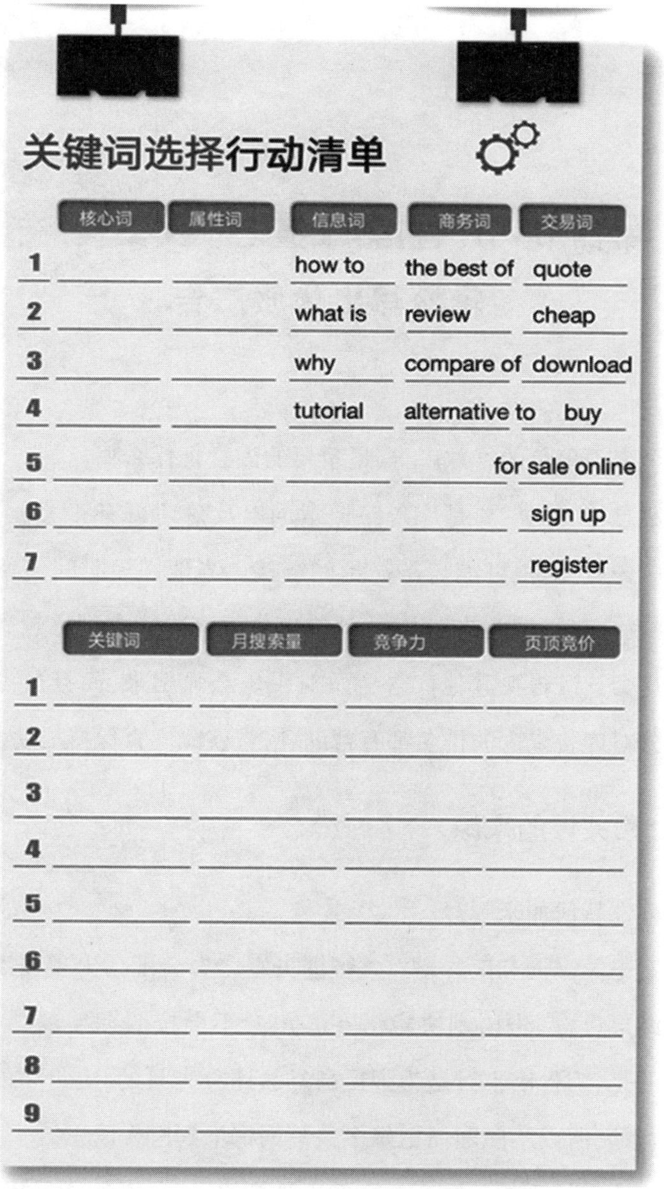

关键词选择行动清单

核心词	属性词	信息词	商务词	交易词
1		how to	the best of	quote
2		what is	review	cheap
3		why	compare of	download
4		tutorial	alternative to	buy
5				for sale online
6				sign up
7				register

关键词	月搜索量	竞争力	页顶竞价
1			
2			
3			
4			
5			
6			
7			
8			
9			

图 2-5　关键词选择行动清单

第四节　广告语:掌握七个文案策略, 轻松写出优质广告

一个表现出色的谷歌广告,最重要的因素是什么呢?

答案是相关性。要是广告跟搜索词以及落地页有相关性,潜在客户看到广告后,就很可能点击显示的链接。当他们短时间停留在落地页,广告就会有比较低的跳出率,这样广告就有可能拿到比较高的质量得分。这会让广告在其他广告竞争对手里凸显出来,而且过去所有的历史高分对广告未来的排名都有帮助,广告就能一直保持成功。

一、相关性的来源

相关性从何而来呢?

答案是关键词和广告语。关键词决定广告会不会出现在潜在客户的搜索结果里,广告语则决定潜在客户会不会按照期望的那样行动。要注意的是,广告语不只是为了提高谷歌评分去写的,更重要的是为潜在客户写的,所以不能随便把好多关键词都堆到广告语里。

选取八个优质的谷歌广告案例来分析,从这些案例能看出,优质的文案至少得满足这四个条件:能清楚传达想提供的信息、有明确的产品

或服务信息、有有效且有说服力的行动呼吁以及相关性强的关键词。在本书最后，会仔细拆解这些优质广告用的策略，学会这些策略后，也有可能写出优质广告。

二、优质广告语的撰写方法

第一步：探寻恰当的表达方式

广告的表达方式主要涵盖文字和标点符号这两个部分。作为广告的文字内容，除了要展现表达产品和服务特色的核心关键词之外，还需要一些辅助词来将这些关键词组合成引人关注的短语或句子，比如 free（免费）、save（节省）等。在线广告服务商统计出了非常受欢迎的十个广告词：

your（你的）；

you（你）；

free（免费）；

now（现在）；

get（获取）；

online（在线）；

our（我们的）；

save（节约）；

best（最好的）；

shipping（运输）。

广告的目的是促使搜索者采取广告主所期望的行动，这就是行动呼吁，例如 shop now（现在就购买）。行动呼吁就像是一个路标，能让潜在用户清楚下一步该做什么，有助于消除用户行动的阻碍。倘若潜在客户看了广告却没有点击获取更多信息,那么这样的广告就是无效的(当然,这里要排除恶意点击的情况)。根据对字流的统计,常用的五个行动宣传词是:

get(获取);

buy(购买);

shop(购物);

try(尝试);

learn(学习)。

在广告语中,除了文字之外,标点符号也极为重要,因为标点符号用于传达文字广告的含义和语气。在统计的优质广告中,48%采用了感叹号、38%采用了逗号、11%采用了金钱符号、8%采用了百分比符号,仅有2%采用了问号。

第二步:绘制广告活动规划表

常规的谷歌广告语包含三个部分:标题、描述和落地页。一个广告中最多可以写三个标题、两个描述和一个落地页,每个标题最多三十个字符,每个描述最多九十个字符,常规的广告语最多可以显示二百七十个字符。这三个部分大概显示了三行的版面,如果觉得广告展示区域比较小,给到客户的信息也非常有限,还可以使用附加信息来拓展版面增加内容。

第三步:书写广告语

在创建谷歌广告活动前,建议先根据表2-4中灰色底单元格里的内容绘制一个谷歌广告活动规划表。在这个表格里规划所有广告,因为可能一次运行不止一个广告活动。每个广告活动可能有不同的文案、行动呼吁和落地页。如果没有这样的表格,以后要跟踪广告活动变化就会很困难,而且通过这个模板可以确保每一个活动的设置都是正确的。

表 2-4　谷歌广告活动规划表

网址		www.×××.com		
广告活动	广告组	广告1		
Sunglass	Sunglass for sale	标题 **1**(30)	Sunglasses For Sale	11
		标题 **2**(30)	Find Your Perfect Frames	6
		标题 **3**(30)	Shop Our Collection!	10
		描述 **1**(90)	Our unique wooden sunglasses are designed and crafted right here in Los Angeles.	10
		描述 **2**(90)	Over 50 styles to choose from, plus free shipping and returns on all orders.	14
		URL 路径 **1**(15)	sunglass	7
		URL 路径 **2**(15)	for_sale	7
		附加信息	contact us	
		Sunglasses For Sale ｜ Find Your Perfect Frames ｜ Shop Our Collection! www.×××.com/sunglass/for_sale Our unique wooden sunglasses are designed and crafted right here in Los Angeles. Over 50 styles to choose from, plus free shipping and returns on all orders. 　　contact us		

第四步：撰写合适的广告语

现今有超过 400 万不同的广告客户在谷歌争夺靠前的位置。如何用 270 个字符来战胜这些竞争对手，以最低的价格拿下更高的排位？标题和描述的重要性可想而知。

在写下标题和描述前需要先要考虑这五个问题：

√　提供什么产品或服务？最好能够用一两个词表达清楚。

√　解决什么问题？

√　为什么现在要行动起来？比如有节日促销或限时优惠。

√ 是什么让产品或服务与众不同？用了哪些特殊材料,或者新技术？

√ 为什么客户要选择你方的产品而不是竞争对手的？比如己方的产品满意度最高、提供30天无风险回报、免费送样品、第一单有折扣等。

假设你的公司从事太阳眼镜等户外用品的生产与销售,针对以下5个问题,请参考图2-6所示内容,并从中挑选出关键词来搭配出不同的标题和描述。

图 2-6　5个问题梳理广告文案

1. 标题创作

标题的设计务必简洁有力,要能迅速吸引潜在客户的目光,其目的在于引导他们继续阅读广告的其余内容。通过前面的案例,可以创作如下标题:

(1)标题一:sunglasses for sale(出售太阳眼镜);

（2）标题二:find your perfect frames(寻找完美镜框);

（3）标题三:shop our collection(选购我们的系列)。

上述这三个标题组合得较为出色,清晰地告知潜在客户所售卖的商品,内容相互补充,并且都带有行动呼吁的部分——邀请访客浏览网站。而以下这三个标题的组合就不太理想,存在较多重复内容,实际上都在传达同一个意思:有太阳眼镜出售。在撰写标题时还需注意,单词的首字母应大写,这样效果会更佳。

（1）标题一:cool sunglasses for sale(酷炫太阳眼镜开售);

（2）标题二:stylish sunglasses for sale(时尚太阳眼镜开售);

（3）标题三:shop our stylish sunglasses(选购我们的时尚太阳眼镜)。

2. 描述撰写

描述的作用在于展示产品的独特之处。针对前面的案例,可以写出如下描述:

（1）描述一:Our unique wooden sunglasses are designed and crafted right here in Los Angeles. (我们别具一格的木制太阳镜是在洛杉矶设计与制作的。)

（2）描述二:Over 50 styles to choose from, plus free shipping and returns on all orders. (有超过50种风格可供选择,且所有订单均享受免费送货和无忧退货服务。)

（3）描述三:Shop our Holiday Sale to find special discounts on our most popular styles. (快来选购吧,享受节日特别折扣,就在我们最受欢迎的款式中挑选。)

3. 附加信息运用

附加信息的最大作用在于扩展广告版面,以提供更多信息。添加了更多附加信息后,相较于常规广告,版面至少增大了两倍,展示的信息更为丰富,也更能吸引潜在用户点击。此时你可能会有疑问:添加这么多附加信息,谷歌会不会多收广告费呢?比如有五个链接可供点击。不用担心,谷歌官方已明确说明,每个广告最多收取两次点击费用。如果有人在浏览广告时快速点击了多个链接,将被视为重复或无效点击,不会被收费。附加信息的添加可依据谷歌广告的要求进行设置,需要什么信息就直接添加相应内容。

在梳理好标题和描述后,将这些内容填入前面提到的表格的白色底单元格里,表格最下方无须填写,系统会自动生成。将每个广告都按照这种方式整理收集起来,就能得到一份谷歌广告活动规划表。

第五步:广告语策略

如果在创作广告语时缺乏灵感,最佳的方法是观察那些排在顶部的广告是如何做到的。不一定要关注竞争对手,跨行业研究能够开拓更多思路。本书将分享八个广告语策略:

1. 截取竞争对手的流量

倘若竞争对手的品牌搜索量较大,可以尝试"借用"他们的关键词。例如 Similarweb 和 Semrush,这两者都是提供网站分析数据服务的网站,属于直接竞争对手。Semrush 有一个广告就巧妙地截取了竞争对手 Similarweb 的流量,且不会显得刻意。因为 Semrush 本身就是用于分析网站的工具,用它来分析 Similarweb 这个网站是合情合理的。如果采用这种方法,要格外小心,虽然目前谷歌不再禁止竞投竞争对手品牌词,但这可能会激怒竞争对手,或者让潜在用户觉得这是山寨版。

2. 抢回竞争对手截取的流量

这个策略与第一个策略恰好相反。第一个策略重点在于截取竞争对手的流量,而这个策略旨在将可能被竞争对手截取的流量夺回来。还是以 Semrush 为例,来看看它是如何抢回竞争对手即将截取的流量的。竞争对手特别常用的一种策略是 X alternative(……的替代品)。X 指的是在该领域排名靠前的品牌,当潜在客户搜索 semrush alternative(semrush 的替代品)时,其实是想寻找 Semrush 的竞争对手品牌。Semrush 也利用这个关键词传达出"是的,你有更多选择,但我们依然是最好的"这一信息。这类广告可使用的关键词有:[YOUR BRAND] alternative、[YOUR BRAND] VS [COMPETITORS]。广告语的重点应放在能让品牌脱颖而出的功能上。

3. 使用客户证言

无论是 To B(企业与企业之间)业务还是 To C(企业与消费者之间)业务,用户评论和客户证言始终是推动点击率和转化率的最有效方式之一。在 To B 业务中,如果有大品牌的信任或合作背书,容易使潜在客户对己方的品牌产生信任。有一个文案就很好地运用了客户背书:10 big name companies that use Wix(十家大公司都使用 Wix)。文案中还展示了前 5 位品牌,这些知名品牌是非常好的客户证言。

4. 关注搜索意图

前面提到过,长尾关键词相较于核心关键词,最大的特点是具有更强的搜索意图。当有人搜索 plumbers near me(临近我的水暖工)时,很可能意味着他正面临管道漏水等问题,所以文案应主要针对这个痛点列出服务项目和服务时间,这些都是搜索者所需要的。

5. 折扣信息

大多数人对打折都情有独钟,这也是许多跨境 B2C(企业与消费者之间)业务特别受青睐的策略。任何带有 save X%(节省 X%)字眼的广告都极具吸引力,很可能促使客户做出最终的购买决定。

6. 解决痛点

如果清楚潜在客户最担心什么,就直接将其用作广告语。例如跨境电商平台 Shein(希音)深知在线购物最担心的是买回来的款式不喜欢或不合适,所以文案直接展示了这些痛点:free return & shipping(包邮且退换无忧)。

7. 推广免费产品或服务

谷歌广告的目标不仅仅是转化,还包括提供线索。很多 B2B 企业会通过提供一些免费的产品或服务来吸引用户、获取客户联系方式。在谷歌搜索词中,有一类词的搜索人群特别多,即××××free(……免费)。比如 project management tool free(项目管理工具免费版本),如果企业就是销售这个工具的,虽然工具本身不能免费,但企业可以提供一些免费且好用的模板。

8. 简化客户行动步骤

这可以通过添加更多附加信息,让客户的行动变得简单。比如当有人想吃牛排,在谷歌里看到这样的广告,里面直接就有预订链接,还可以一键了解菜单、价格等信息。这则广告展示了很多内容,却不会显得拥挤。可以根据自身业务,提供预订、注册或查看报价等快捷方式,从而简化客户行动步骤。

可以利用图 2-7 所示的清单,写出适合自己的广告文案。

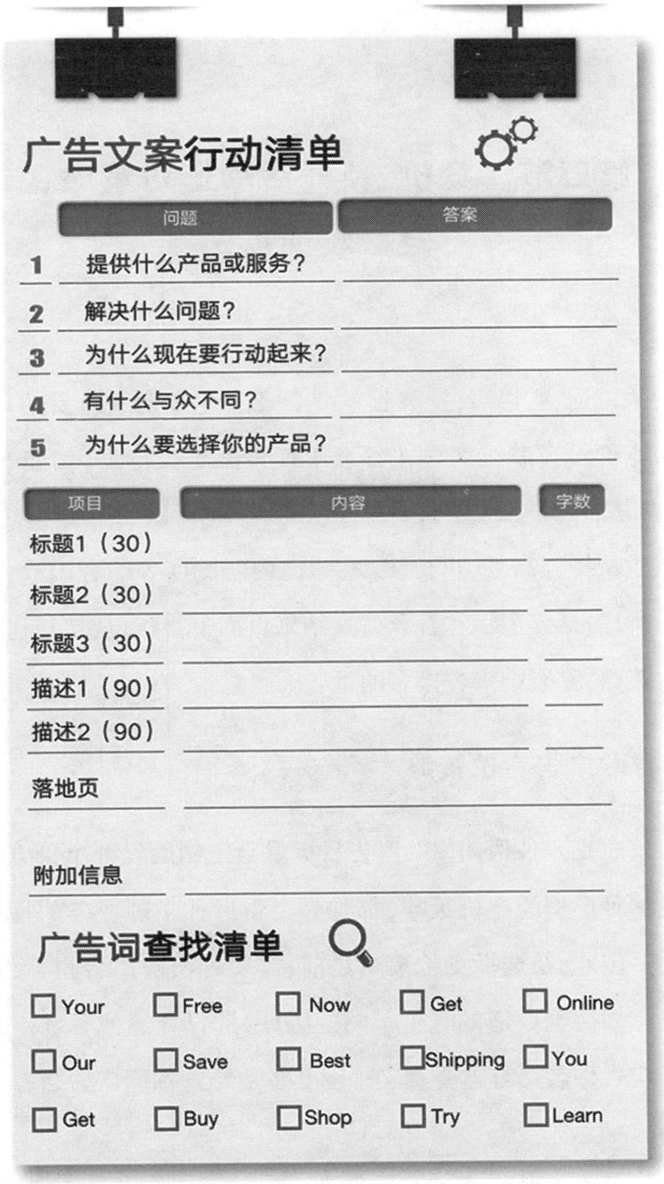

广告文案行动清单

问题	答案
1　提供什么产品或服务？	
2　解决什么问题？	
3　为什么现在要行动起来？	
4　有什么与众不同？	
5　为什么要选择你的产品？	

项目	内容	字数
标题1（30）		
标题2（30）		
标题3（30）		
描述1（90）		
描述2（90）		
落地页		

附加信息

广告词查找清单

- [ ] Your
- [ ] Free
- [ ] Now
- [ ] Get
- [ ] Online
- [ ] Our
- [ ] Save
- [ ] Best
- [ ] Shipping
- [ ] You
- [ ] Get
- [ ] Buy
- [ ] Shop
- [ ] Try
- [ ] Learn

图 2-7　广告文案行动清单

第五节　竞价:新开活动选对策略,
轻松收询盘

　　除了关键词、广告语,投放谷歌广告还有一个至关重要的环节,那就是广告竞价。当潜在客户在谷歌中搜索某个关键词,例如 led lamp 时,所有参与的广告用户会针对这个关键词出价,比如出价 1 美元。谷歌会依据质量得分高低、出价多少、关键词匹配度等综合因素,对所有广告进行排序,最终展示在谷歌搜索结果页面上。所以,选择何种谷歌广告竞价策略,是影响广告排名的重要因素之一。

一、谷歌广告竞价策略

　　竞价策略是一种根据你的广告目标量身定制的设置出价方式的方案。无论哪种类型的竞价策略,都是为了帮助你实现业务的特定目标而设计的。因此,在选择竞价策略之前,需要先明确广告目标,然后依据广告目标来挑选合适的竞价策略。因此,选择合适的谷歌广告竞价策略对于广告排名具有重要意义。图 2-8 是针对不同广告目标的推荐竞价策略。

　　当广告目标是提升转化次数时,可以考虑运用以下五种智能出价策略:关注目标每次转化费用(target CPA),关注目标广告支出回报率

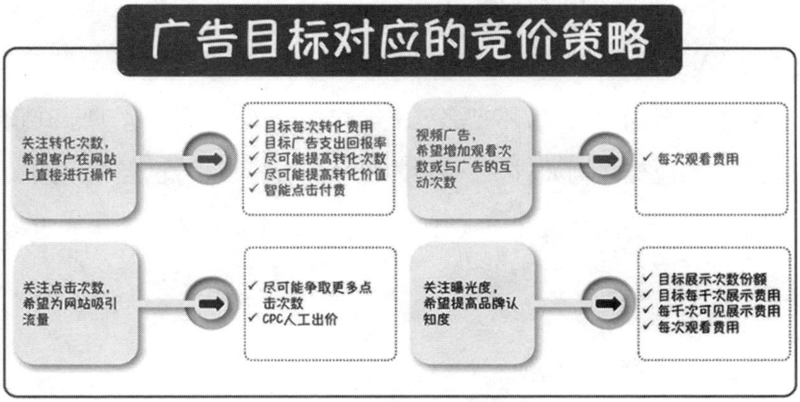

图 2-8　广告目标对应的竞价策略

（target return on ad spend）、尽可能提高转化次数（maximize conversions）、尽可能提高转化价值（maximize conversion value）以及进行智能点击付费（enhanced cost per click）。这些策略在每次竞价时，都会综合考量实时信息，例如，访客使用的设备、语言、操作系统，所在的地理位置及时区等，以尽可能提高转化次数或转化价值，如获取线索、增加销售业绩等。通常情况下，数据量越多，策略效果就越好。

当广告目标是获取更多点击量，从而为网站吸引更多访问流量时，可以采用以下两种按点击收费的出价策略：尽可能争取更多点击次数（maximize clicks）和人工点击付费（manual CPC）。这种方式特别适用于 B2B 业务，在前期阶段可以采用争取更多点击次数的出价策略，积累数据量，随后再依据目标调整其他策略。

如果投放的是视频广告，期望增加观看次数、广告互动次数，进而提升产品或品牌的喜好度，此时可以采用每次观看费用（CPV）策略，即设定愿意为每一次观看支付的费用。

如果目标是关注曝光度，希望提高品牌认知度，可以采用以下四种策略：关注目标展示次数份额（target impression share）、目标每千次展示费用（CPM）、每千次可见展示费用（tCPM）和每次观看费用（vCPM）。

这些策略仅为建议，并非绝对正确的唯一选择，更重要的是在使用过程中灵活应变。例如，在社交媒体视频广告投放中，也经常采用关注目标每次转化费用（target CPA）的策略，以此通过视频广告获取更多的销售线索。

二、具体竞价步骤

第一步：查看其他广告商出价

在确定合适的关键词后，将这些关键词复制到相关页面，点击 Get results，即可获取包含搜索量、竞争力以及最高和最低出价等信息的关键词列表。查看这些关键词后，会发现不同关键词之间的出价差异较大。例如，wall washer downlight（洗墙筒灯）的最低出价折合人民币约 1.25 元，最高约 12.1 元；而 led wall washer light（LED 洗墙灯）、wall washer（洗墙灯）、wall washer light（洗墙灯）、wall washer lighting outdoor（室外洗墙灯）等关键词的出价基本在 0.1 元到 4 元之间。通过了解其他广告商的出价，如图 2-9 所示，能够大致估算出投放这些关键词所需的预算。

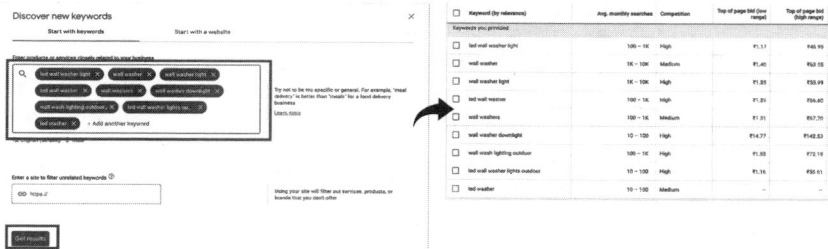

图 2-9　查看其他广告商出价

选择好关键词后，点击 new ad group（新的广告组）创建新广告组，输入组名 plan example（计划案例），然后点击 create（创建）。关键词匹配方式推荐选择 broad match（广泛匹配），最后点击 add keywords to create plan（新关键词添加到计划中），完成上述步骤后，一个广告计划便创建完成。

点击工具栏 forecast（预测）进入预测界面，通过该界面可以确定出价策略。从界面曲线的 A 点可知，每天投入 60 元可获得 180 个点击；从 B 点可知，每天投入 25 元可获得 160 个点击，由此可见 B 点的性价比更高。向下滑动页面，还能查看哪些关键词的点击率较高。例如，led wall washer 的花费仅比 led wall wash lights outdoor 多两倍，但点击率却是其七倍多。假设当前计划每月预算为 9 000 卢比，折合人民币约 800 元，如果预算为 2 000 元/月，那么可以增加更多关键词。假设看到 wall washer light、led wall washer light、led wall washer 等关键词的最低价分别为 0.11 元、0.12 元，最高价分别为 3.95 元、5 元不等，初始出价可略低于最低价，这样能避免初期浪费过多预算。当然，如果预算充足，出价也可适当提高。

第二步：创建广告活动和转化跟踪

按照之前的方法创建转化跟踪，这一步至关重要，因为若未设置转化跟踪，将无法使用任何投放策略。在关键词匹配方面，可选择广泛匹配（modified broad match）和完全匹配（exact match）。前期建议使用广泛匹配，以便获取更多长尾关键词；后期可根据实际情况，对专门针对转化的关键词采用完全匹配，不过这类关键词的价格通常更高。

第三步：新广告账号推荐使用的投放策略

enhanced CPC（智能点击付费）能够让谷歌广告依据转化率的高低

自动调整出价,从而在预算范围内获取更多转化。找到对应的广告活动,选择 settings(设置),下拉页面找到 bidding(竞价)选项,选择 manual CPC(人工点击付费),并开启下方的 help increase conversions with Enhanced CPC(利用智能点击付费提升转化),设置完成后点击 save(保存)即可。

Manual CPC bidding,全称为 manual cost-per-click bidding,即手动按点击成本出价,简称 CPC 人工。首先要理解 CPC 的概念,为广告设定一个最高价格,只有当潜在客户点击广告时才需付费。例如,设置广告单次点击最大费用为 1 元,若有 100 人浏览了广告,其中 3 人点击,那么只需为这 3 次点击付费,即 3 元,无须为其他 97 个浏览者付费。

采用 CPC 人工策略,可针对每个广告组设置不同的出价策略,也能为单个关键词或不同展示位置设置不同出价。当发现某些关键词或位置的转化率较高时,可手动调整出价,为其分配更多广告预算。

第四步:调整出价策略

当有新流量涌入且转化增加时,会在谷歌广告的推荐页面收到调整出价策略的通知。此时,可考虑将策略更改为 target CPA(目标每次转化费用)或 target ROAS(目标广告支出回报率)。操作方法为:通过 tools and settings 选择 bid strategy(竞价策略)进入修改界面,进而选择 target ROAS(目标广告支出回报率)或 target CPA(目标每次转化费用)。

target CPA,全称为 target cost per action,即目标每次转化费用,这是一种以客户行为(如下载文件、拨打电话等)为目标的竞价策略,其最终目的是实现尽可能多的转化。target ROAS,全称为 target return on ad spend,即目标广告支出回报率。每当用户搜索所宣传的产品或服务时,该策略会智能预测潜在转化的价值,并自动调整出价。也就是说,当系统预测某次用户搜索可能带来高价值转化时，会提高出价；若预测不太可能带来高价值转化，则会降低出价，其最终目的是尽可能提高竞价后的回报。

可先采用 target CPA 策略，根据过往经验，至少在 30 天内实现 15 个转化后，再考虑更改至 target ROAS。在账号中设置 target CPA 时，回到 tools and setting 选择 bid strategies（竞价策略），点击 + 号选择 target CPA。

选择广告活动时，若其他正在使用人工点击付费（manual CPC）策略的广告流量也在逐渐增加，可同时选择多个广告。输入名称和 Target CPA 的值，目标是使该值尽可能低，以最少的花费获取最多流量。接着，在 advanced options（高级选项）中设置 maximum bid limit（最大出价限制），即每次点击支付的最大金额，案例中设置为 7 元人民币，该值可根据流量变化进行调整。这也是使用 portfolio bid strategy（投资竞价策略）的原因，通过它可设置最大出价限制。若增加该值，谷歌可测试更多关键词，有些关键词在首页展示可能需要 8 元，若设置过低，谷歌将无法充分测试关键词，也就难以知晓哪些关键词更有效。最后点击 save（保存）按钮。

这种投放策略特别适用于新创建的、广告预算有限（非几十万量级）的广告活动。在测试过程中，若发现转化率没有明显提升，可重新创建新的广告活动，采用相同出价策略测试其他关键词的转化情况，以此找到最适合的关键词和出价策略。广告投放没有一蹴而就的方法，高投资回报率源于不断地测试与优化。

综上所述，广告竞价设置步骤如图 2-10 所示。

广告竞价设置步骤

1. 查看其他广告商的出价 ☐
2. 创建广告活动和转化跟踪 ☐
3. 新广告账号使用的投放策略 ☐
4. 调整出价策略 ☐

广告目标对应的竞价策略

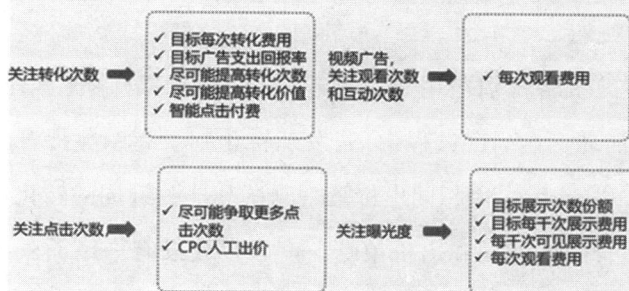

关注转化次数 →
- ✓ 目标每次转化费用
- ✓ 目标广告支出回报率
- ✓ 尽可能提高转化次数
- ✓ 尽可能提高转化价值
- ✓ 智能点击付费

视频广告，关注观看次数和互动次数 →
- ✓ 每次观看费用

关注点击次数 →
- ✓ 尽可能争取更多点击次数
- ✓ CPC人工出价

关注曝光度 →
- ✓ 目标展示次数份额
- ✓ 目标每千次展示费用
- ✓ 每千次可见展示费用
- ✓ 每次观看费用

图 2-10　广告竞价设置步骤

工具:投放前不诊断,投放资金难达预期成效

当谷歌将己方的广告展示在首页时,并非仅仅因为出价高,谷歌还会综合考量多方面因素,包括关键词、广告语与落地页的相关性,以及访客点击广告登录落地页后的体验等。也就是说,访客在己方的网站上的体验,例如网站加载速度、移动端使用的便捷性、落地页设计的友好程度等,都会对广告排名产生影响。

所以,在正式投放广告之前,务必先对网站和落地页进行诊断。若不进行这一步骤,潜在客户点击广告进入落地页后可能立刻跳出,如此一来,投放广告的费用可能就白白浪费了。表2-5罗列了需要进行的基础诊断内容。

表 2-5 网站和落地页诊断表

类别	项目	达标情况	情况描述	优化建议
网站设置	谷歌站长工具是否已注册			
	谷歌分析跟踪代码是否已安装			
	谷歌标签管理工具是否已安装			
	robots. txt 是否已配置			
	网站地图是否已提交			
	网站加载速度有多快			
	手机移动端访问是否友好			
落地页设计	转化目标是唯一的吗			
	标题是否有吸引力			
	副标题是否支持主标题的价值主张			
	内容是否跟唯一目标一致			
	是否呼吁访客立即行动			
	排版结构是否引导访问者继续阅读			

一、网站设置

1. 检查是否已注册

谷歌站长工具（google search console，GSC）主要用于帮助用户监视、衡量和维护网站在谷歌搜索中的流量与性能，同时修复所发现的问题，助力网站在谷歌搜索结果中更具优势。登录谷歌站长工具的网站后，进入界面，可选择"域名"或 URL 前缀两种方式进行检测。输入相关信息后，点击 continue 按钮，按照后续步骤完成操作后点击 verify（验证）按钮。若验证成功，会出现 ownership verified（所有权验证）的提示；若验证失败，则会显示 ownership verification failed（所有权验证失败）。若验证未通过，可点击下方的 learn more（了解更多）获取具体的修正步骤。

2. 检查谷歌分析跟踪代码是否已安装

前文已阐述谷歌分析跟踪代码的重要性。若未安装此代码，谷歌将无法跟踪访客数据，后续的谷歌广告投放也就缺乏数据支持。检测谷歌分析跟踪代码是否安装的方法众多，这里推荐使用谷歌专用的浏览器拓展程序 tag assistant legacy（标签助理程序）进行检测。

3. 检查谷歌标签管理工具是否已安装

谷歌标签管理工具（google tag manager，GTM）是谷歌推出的一款免费的网站标签管理工具。它能够对来自谷歌跟踪代码或其他第三方代码进行统一管理，不仅可以简化不同平台、不同类型代码的安装流程，更重要的是能够提升网站的加载速度。用户只需安装 GTM 这一个代码，其他代码便可通过 GTM 对网站进行追踪。检测工具多样，也可使用第 2 点中提到的"标签助理程序"进行检测。

4. 检查网站地图是否已提交

网站地图(sitemap)是一种展示网站结构、栏目以及内容说明等基本信息的文档。就像了解一个陌生城市需要借助城市地图一样,了解网站信息也需要借助网站地图。网站地图还有一个更为关键的作用:便于搜索引擎收录网站中的内容页面。搜索引擎通常先通过网站地图中罗列的链接进入深层次网页,一个符合规范的网站地图对于自然排名和广告排名都有着极大的帮助。

那么,如何检查网站地图是否存在错误呢?方法有很多。这里推荐使用工具 semrush,直接在 semrush 界面输入域名,点击左方工具栏 site audit(网站检测),等待几分钟后即可看到对整个网站的检测结果。点击 errors(错误)后输入 sitemap,便会显示出网站地图的检测结果。若检测出问题,可点击旁边的 learn more 按钮查看修改建议。

5. 检查网站加载速度有多快

网站加载速度缓慢会严重影响用户体验。根据在线营销公司的研究数据,网站加载速度每加快一秒,转化率就能提高17%。这里推荐一个非常实用的工具:pagespeed。在该工具的界面中输入网址后点击"分析",即可查看手机端和电脑端的测试结果。不仅如此,向下拉动页面还能看到需要优化的地方以及优化建议。

6. 检查手机移动端访问是否友好

相关数据研究结果显示,移动设备占全球互联网使用量的60%。如果网站在手机移动端的体验较差,那就相当于放弃了这60%的流量。

可以通过 Google 的移动友好性测试工具来测试移动端友好度。输入想要测试的网站后刷新页面,即可看到最终的测试结果。点击 learn more 按钮可了解具体的修正方法。

二、落地页设计

落地页(landing page)客户点击广告后所登录的页面。有效的落地页是实现谷歌广告流量转化的关键,不仅在投放前需要重视,即使在投放后,定期检查落地页的互动情况也是保持广告持续成功的关键因素。根据谷歌官方数据,在零售业务中,手机端落地页仅1秒的延迟就可能导致转化率降低高达20%。经过测试,这份诊断清单能够将转化率提升至413%。判断落地页是否有效,有以下几个参考标准。

1. 转化目标是否唯一

研究数据表明,如果落地页包含一个以上的转化目标,会导致转化率降低266%。因此,在设计落地页之前,首先要明确希望访问者登录页面后完成的唯一目标,然后围绕这个目标构建文案内容。无论选择何种目标,都应将其转化为行动呼吁,落地页的每一个字都应旨在说服访问者点击相应的行动按钮。例如,落地页的唯一转化目标是让用户点击 get loom for free(免费领取)这个按钮,那么整个页面的设计都应围绕引导用户做出这一动作展开。

2. 标题是否具有吸引力

标题是落地页顶部的大粗体文字,在网页代码中通常为 H1 标签。基本上,每一位登录落地页的用户首先看到的就是标题。有吸引力的标题能够将落地页的转化率提升至67.8%。可以参考图2-11公式来撰写吸引人的标题。

例如,标题 A:"We're on your side. Schedule an affordable consultant with our team experts."(我们就在你身边,来跟我们团队预约一个价格合理的顾问。)

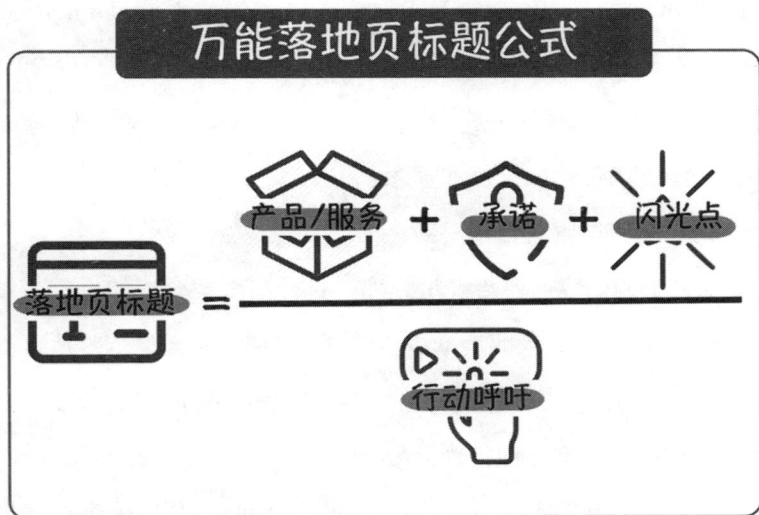

图 2-11　万能落地页标题公式

标题 B："We're here to help. Schedule an affordable consultant with Toronto's best family lawyers." (让我们来帮你，跟我们团队预约一个多伦多最好的家庭律师。)

这两个标题意思相近，但标题 B 的转化率比标题 A 高出 95%。运用万能标题公式进行拆解：标题 A 未明确说明产品或服务内容，而标题 B 清晰表明提供的服务是家庭律师；在"承诺"方面，标题 A 称"我们就在你身边"，标题 B 表示"让我们来帮你"；在"闪光点"方面，标题 A 仅提及"负担得起"，标题 B 除了这一点，还强调了"多伦多最好的"，同时明确指出了服务对象，既价格亲民又距离用户近。这两个标题都只有一个行动呼吁——"预约"，所有文字都围绕引导用户预约他们的律师展开。

3. 副标题是否支持主标题的价值主张

需要思考副标题是延续主标题的观点，还是阐述一个全新的想法。例如"Record quick videos to update your team and cut down meetings by 29%."（录制视频将最新通知同步到团队中，这样可以减少29%的会议。），就是通过数据来补充主标题 Loom on. Meetings off（使用 Loom，不再需要开会）"传达的价值和理念。

4. 内容是否与唯一目标一致

落地页中的内容需要与设定的唯一目标高度契合。如果广告做出了某种承诺，比如承诺大幅度减少会议使用频率，那么整个落地页就需要通过视频、图片、数据、用户案例等多种方式来证明这一承诺。

5. 是否呼吁访客立即行动

通过文案向用户传达，如果不立即采取行动，就会错失近在咫尺的收获感。可以利用倒计时、奖金激励、有限库存、限时优惠等方法来增加紧迫感。在呼吁立即行动的案例中，限时折扣较为常用，还有一些是在文案中添加时间词"今天"，如 get ×××today（今天就来领取……），同样能营造出紧迫感。在设计行动呼吁时，务必将行动呼吁的按键设计得足够大且醒目，可以放置在页面的最顶端、中间位置或底部。还有一个容易被忽略的位置，即在描述既得福利时也应加上行动呼吁的按键。

6. 排版结构是否引导访问者继续阅读

落地页通常包含丰富的信息，需要用户将滚动条向下拉动才能阅读更多内容。因此，需要为落地页构建一个既具有视觉吸引力，又能让访客愿意不断拉动滚动条阅读更多内容的排版结构。市场分析工具 Unbounce 通过热点图研究，总结出两种适合落地页的排版结构，即 F 形和 Z 形。如果落地页信息丰富，有大量文字内容，可采用 F 形结构，访问者通常从左上角开始看向屏幕右侧，然后向下看向左侧，直到另一个元素或另一行文案吸引其注意力。可以将最重要的信息放置在这些视线轨迹的某个位置。如果落地页图像较多、文字较少，可采用 Z 字形结构，在落地页交替使用左对齐或右对齐的方式填充内容，这种方式也符合用户滚动页面时眼睛的自然移动规律。

　　这里罗列了一些基础的诊断内容，若想进一步提高广告的转化率，可以多研究那些总是排在广告头部位置的广告案例。时代在不断变化，广告策略也需要与时俱进。保持学习的心态才是制胜的关键，持续排斥新知识，只会让自己逐渐落后。

第三章 03

国际站：低成本，撬动全球数亿买家

本章将从以下几个关键方面，以较低成本吸引全球九亿买家：

- 如何优化国际站旺铺，有效激发国外客户的购买欲望？

- 怎样分析同行店铺，精准找到爆款，跻身行业前五？

- 如何编写极具吸引力的标题，提升店铺排名？

- 怎样有效管理直通车广告，实现以最小投入获取最大流量？

- 如何充分利用国际站直播功能，大幅缩短客户采购周期？

- 一套实用运营工具，助力节省大量资金。

第一节　旺铺装修：打造全球客户青睐的风格，激发客户购买欲望

有人说，"电商卖的是图片"，而我认为"电商卖的是视觉"。视觉是买家了解卖家的重要媒介，优质的视觉效果不仅能为买家带来愉悦体验，还能增强信息的穿透力，影响买家对商品的喜好判断。买家会因出色的视觉效果而产生购买行为，这就是视觉营销——通过视觉冲击与美感，提升潜在顾客的兴趣，以实现推广销售的目的。

在阿里巴巴国际站，视觉营销主要体现在店铺装修上，这是客户全面了解公司和产品的重要载体。如图 3-1 所示，当潜在客户在国际站首页输入关键词后，搜索结果中会呈现众多同类产品的供应商信息，首先映入眼帘的便是产品图片、标题等。客户找到心仪产品后进入产品详情页，可查看产品详细信息与公司基本情况，随后往往会点击公司名称直接进入旺铺页面。

第一步：掌握四个基本设计原则

1. 页面统一性

整个旺铺页面的字体、配色、字号等需保持统一，建议配色不超过三种。可依据产品特性打造不同风格，如科技风、居家风或冷酷风。

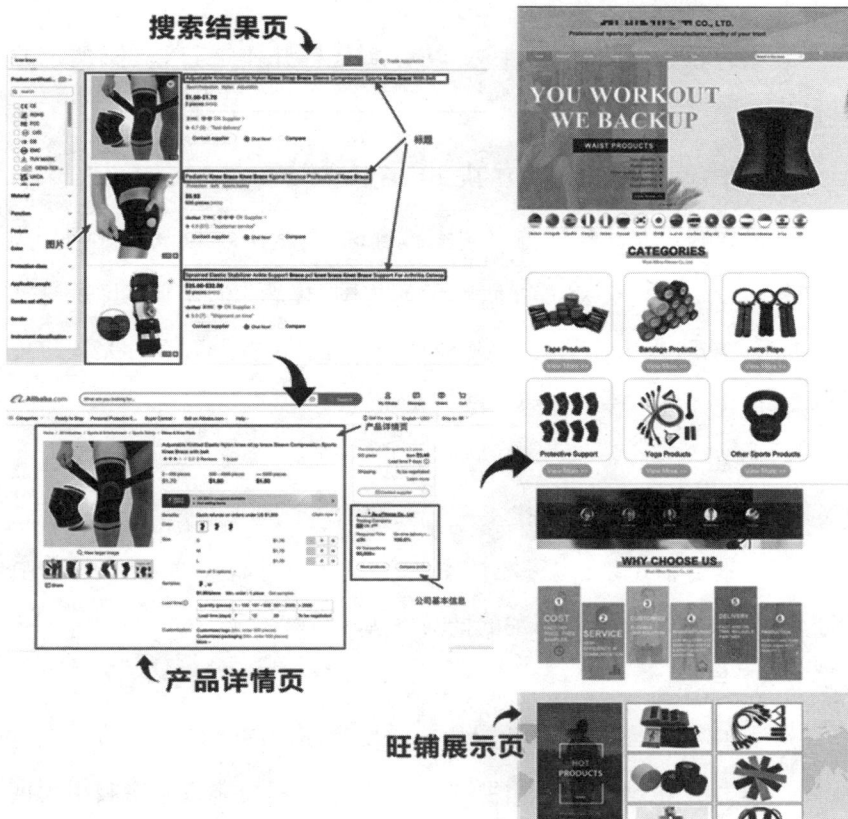

图 3-1　客户在国际站搜索看到的页面

2. 内容清晰有重点

买家浏览旺铺时以屏为单位，如第一屏、第二屏依次浏览。每屏的作用是引导买家继续向下浏览，电脑端为横屏，手机端为竖屏。

3. 元素丰富多样

除图片外，还可运用表格、动画、视频等形式展现内容。表格适用于展示产品参数，视频逐渐成为趋势，越来越多旺铺借助视频展示公司实力、工厂规模、产品功能等。使用视频时，注意时长控制在 30 秒至 3 分钟较为合适。

4. 控制旺铺首页长度

装修时旺铺首页不宜过长,以免网页打开速度过慢,影响客户体验。

第二步:设计搜索结果页的展示信息

当潜在客户在国际站首页搜索关键词后,会出现与该关键词相关的产品列表。客户会依据页面展示的主图、标题、价格等信息挑选产品,进而点击进入店铺了解更多公司信息。因此,标题和图片是决定能否与客户建立进一步联系的关键因素。

1. 标题

标题具有两个重要作用,一是让买家清晰识别产品属性及功能,二是便于搜索引擎识别,使买家搜索产品关键词时能找到我们的产品。标题至关重要,前文已有详细的撰写方法和步骤。

2. 图片

对于国际站运营者而言,图片等同于产品。国际站需上传一至六张图片作为主图,为充分利用主图展示位置,展示更丰富且有吸引力的信息,建议使用全部六张主图。图片是商家向买家传递信息的载体,在电脑屏幕背后,有吸引力的图片代表着获取流量的能力。设计主图时需注意以下三点:

(1)明确卖点:一款产品可能有诸多卖点,如科技先进、设计美观、功能强大等。设计主图前需明确要展示的卖点。

(2)清晰呈现卖点:设计过程中要确保卖点清晰呈现,让客户能够"秒懂",即画面要简洁干净,卖点尽可能大且突出。

(3)规划主图呈现逻辑:第一张主图旨在快速吸引买家注意力,后面五张可从不同维度或外观展示相同卖点。

例如，在图 3-2 案例中，这一批主图设计简洁明了，采用浅色背景、高清产品图片。可以看出主图 1 展示产品的透明质感，主图 2 至主图 6 从不同角度展示了产品的保护眼睛、玻璃透明质感、高敏感度、圆角设计、反指纹设计等特质。

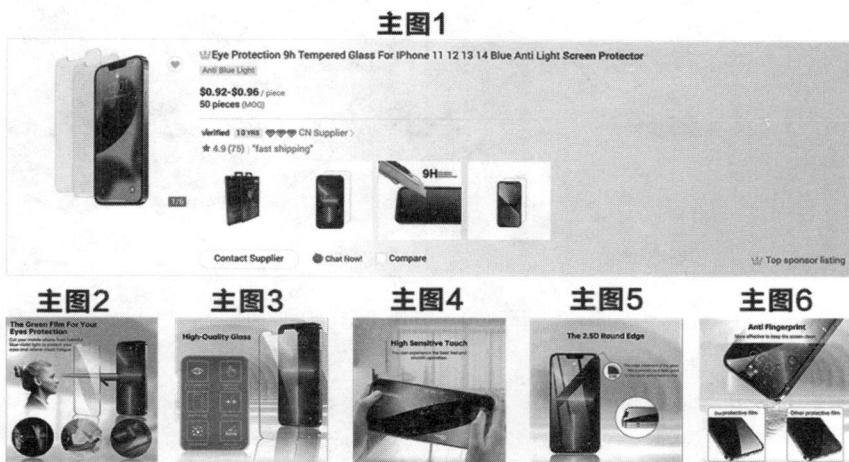

图 3-2　不同主图展示产品的不同功能

第三步：设计旺铺

旺铺是企业在阿里巴巴国际站的线上门店，潜在客户通过旺铺了解公司资质、产品参数。它既是企业实力的展示窗口，也是实现高效转化的主阵地。目前旺铺有电脑版和手机版两种版本，如图 3-3 所示。数据显示，国际站在 2022 年已拥有超过九亿的全球买家。若不精心"装修"国际站店铺，无疑是将客户拱手让给竞争对手，从一开始就处于劣势。

虽然多数客户并非直接访问旺铺首页，而是直接进入承接旺铺大部分流量的产品详情页，但每个商家仅有一个首页，因此花费更多精力打造这一"门面"十分必要，毕竟它是企业实力的展现。

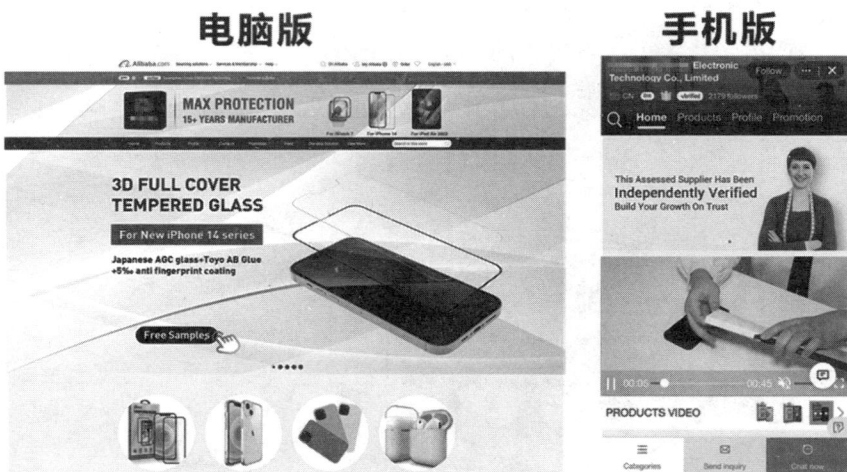

图 3-3 旺铺的电脑版和手机版页面

设计旺铺时需遵循以下六个基本原则：

（1）让客户"一眼即懂"：买家进入旺铺首页后，首先映入眼帘的是店铺招牌、导航条、轮播横幅广告这三个版块，如图 3-4 所示。这部分设计尤为关键，需达到"一眼即懂"的效果，即让买家一眼就能看出店铺销售的产品、公司实力以及最大特色和亮点。许多商家在店铺招牌位置仅放置公司名字，这无疑浪费了绝佳的广告位，此处可放置彰显实力、为客户提供价值等能改变客户想法的内容，如"15 年制造商经验"。导航条作为引导流量跳转的工具，文字颜色必须突出。有些商家的导航条与字体颜色为同一色系，买家难以察觉导航条的存在，影响流量使用率，建议采用深灰色底、白色文字的搭配。轮播横幅广告的主题要明确，内容要突出，减少过多干扰元素。若该栏目无法吸引买家，他们很可能直接关闭页面。如图中采用浅底突出黑色文字，而高清图片将手机膜的透明质感展现得真实且极具吸引力。

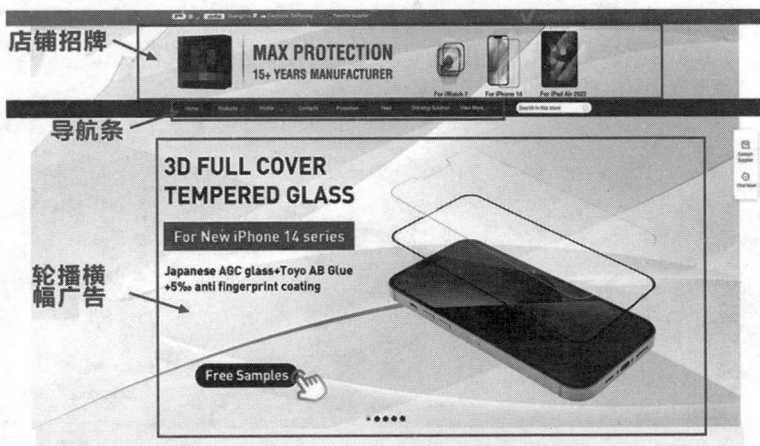

图 3-4　商品的店铺招牌、导航条、轮播横幅广告

（2）轮播横幅广告下方设置多语言选择版块：这可以方便不同国家的买家根据自身语言浏览，可直接在国际站后台设置。此版块较窄，不占过多页面空间。需要注意的是，若选择展示多语言版块，必须配置相应语言版本的内容。许多店铺虽设置了多语言选择界面，但点击后要么为空页，要么仍是英文版本，这种体验极差，若没有翻译其他语言版本，建议不要设置该版块。

（3）快速展示有吸引力的产品，激发买家咨询欲望：在国际站，能激发买家购买欲望的一定是优质产品，通常是店铺的热销品或有价格优势的促销品。因此，建议在首页靠前位置设置一屏展示热销品或促销品，也可展示店铺特色。例如图 3-5 所示，有一家销售包装盒的店铺，通过动画形式展示盒子内部结构，吸引了很多买家。

（4）不能忽略公司介绍：公司介绍位于首页的三四屏位置，这符合买家的采购逻辑，即先通过轮播横幅广告吸引注意力，再借助热销品、促销品激发购买欲望，随后通过公司介绍增强信任。介绍公司实力时

图 3-5　在首页展示有吸引力的产品

要全面展示证书、奖项、专利、公司规模等,但注意排版要简洁大气。同时设置客服旺旺咨询入口,方便买家随时联系,如图 3-6 所示。

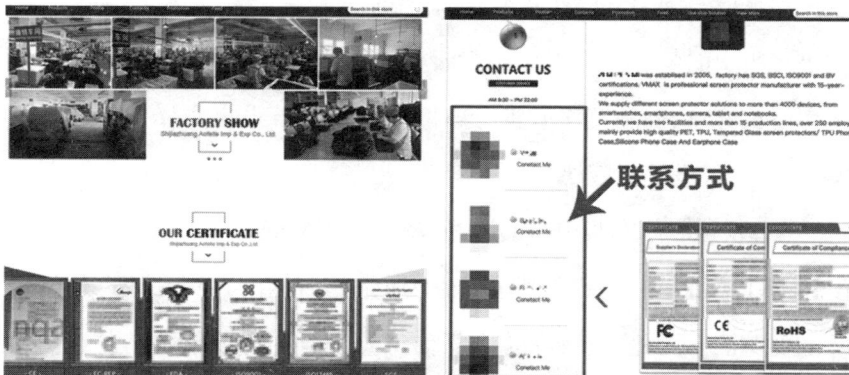

图 3-6　公司介绍和公司联系方式

（5）在公司介绍下方添加产品介绍:展示店铺畅销产品往往能提高买家询盘的概率。此处产品图片务必使用高清照片,由于展示图片较多,背景、风格需统一,确保画面舒适、不杂乱。如图 3-7 所示的这家主营手机配件的店铺,拍摄的图片高清且富有设计感,上传到国际站后采用浅色系背景，如浅灰、浅白、浅蓝，每一屏表达的主题都整洁、清晰、重点突出且有质感。

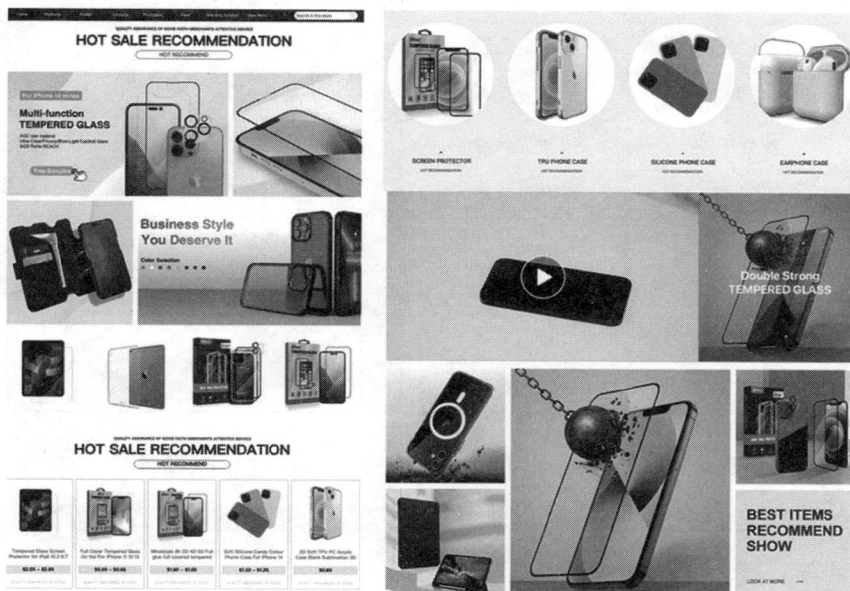

图 3-7 产品展示清晰、重点突出

（6）手机端有两种设置方式：一种是将电脑端首页一键同步至手机端，另一种是单独设置。建议单独设置手机端，因为多数买家通过手机端访问国际站，电脑端和手机端在视觉体验上存在差异。比如图片，系统会自动压缩电脑端图片，将其用于手机端，这可能导致图片过长、过宽等问题，无法保证手机端的展示效果。

第四步：设计产品详情页

产品详情页是承接旺铺流量最多的页面之一，因为买家进入国际站主要通过浏览详情页来判断产品是否符合需求。产品是企业的核心，详情页质量直接影响转化效果。买家按屏阅读详情页内容，设计时可按此方式进行，表 3-1 展示了每一屏的目的和内容。

表 3-1　每一屏的目的和内容

屏次	目的	内容
首屏	吸引注意	产品总体概述
第 2 屏	激发兴趣	爆款产品推荐
第 3 屏	激发兴趣	核心产品卖点
第 4~7 屏	激发兴趣	产品参数、功能、细节等
第 8 屏	激发兴趣	用户使用后感受或其他展示
第 9 屏	建立信任	公司实力资质展示
第 10 屏	建立信任	售后及发货
第 11 屏	刺激欲望	常见问题列表
第 12 屏	催促行动	行动呼吁引导联系

　　图 3-8 展示了产品详情页内容的参考。在设计产品详情页时,并非每个产品都要把这些内容全部展示出来,可以依据实际情况进行有机整合。

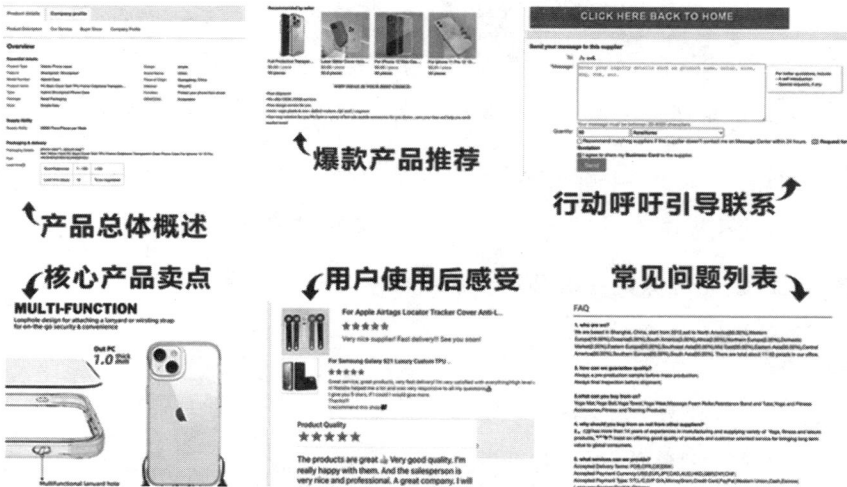

图 3-8　产品详情页内容的案例参考

"装修"旺铺时,要摒弃"追求完美"的固有思维。因为在运营过程中,积累一定数据量后,旺铺需要不断更新优化。所以,第一版旺铺通常是"最不完美"的版本,但这是正常的,后续可以根据运营数据逐步完善,以达到更好的展示和转化效果。

可以参考如图 3-9 所示的清单,进行旺铺装修。

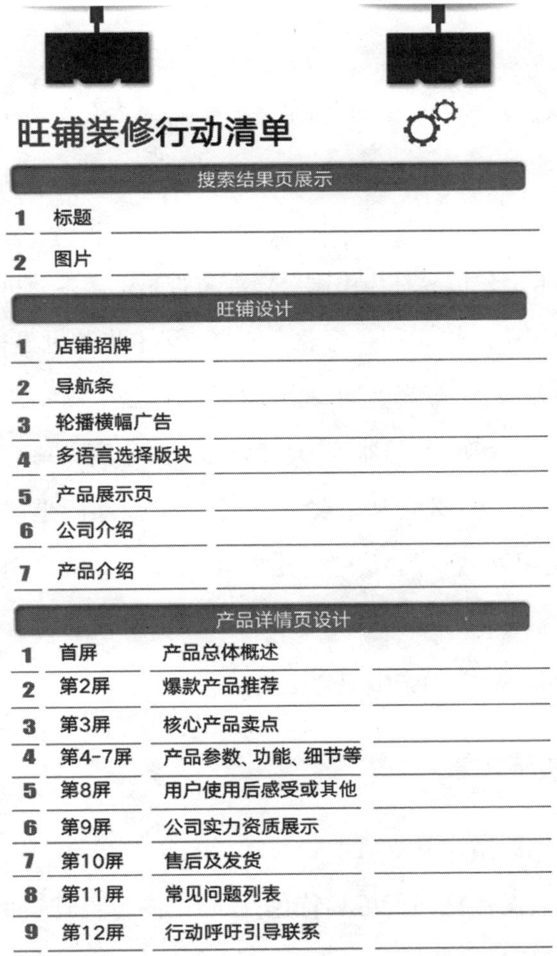

图 3-9 旺铺装修行动清单

第二节　同行调研：向优秀同行学习，找到爆品

"要让你的产品更方便购买，不然顾客就会从你的同行那里购买。"

——美国知名投资人马克·库班

2022年卡塔尔世界杯为中国跨境商家带来了诸多商机。有人曾打趣说："除了中国足球，中国各行业都参与到了卡塔尔世界杯中，场地草坪和灌溉、专用客车、灯光音响、地铁屏蔽门都是中国制造。世界杯周边产品，如哨子、喇叭、手拍器等，大部分都来自中国义乌。"小李便是其中的幸运儿。小李的公司从事奖杯、纪念品等商品的生产与销售。公司转型在国际站销售产品后，经过几年运营，基本掌握了国际站的运营思路，并通过对标同行数据不断优化账号。2022年，世界杯连同一系列大型活动期间，大量订单纷至沓来。

一、国际站运营

实际上，国际站运营本质上是与同行之间的竞争。己方的出价若能比同行略高，图片比同行更具特色，标题比同行更具吸引力，便能脱颖而出。自己所付出的每一点努力，最终都会使自己的排名更靠前，客户也会更多。

在国际站中，有一个功能可助你快速找到优秀同行。只需按照以下两个步骤操作即可。例如，若公司生产各类杯子，直接在国际站搜索框输入 cup（杯子）关键词，点击搜索后会出现众多店铺。尽量选择自然排名靠前的店铺，这些店铺通常实力较强。第一步，点击每个产品右下方的 compare（对比）；第二步，点击右下角的 compare（对比）进入同行分析界面，一次最多可选择 20 个同行进行对比，具体步骤如图 3-10 所示。

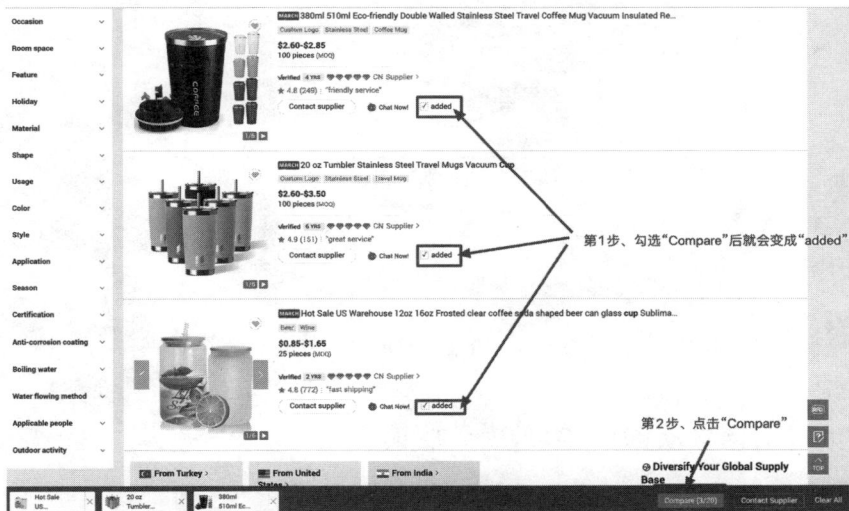

图 3-10　如何快速找到优秀同行

在同行对比中，可以查看产品类目的访问量、询盘量和响应时间，如图 3-11 所示。以此次筛选的三个店铺为例，这些数值存在较大差异，那么为何它们的排名相近呢？这是因为当前展示的是特定产品类目的访问量和询盘量，而这些店铺并非只有这一个产品类目。在 transaction history（交易记录）一栏中，能看到这些店铺半年内的交易数量和成交额，据此可大致估算这些店铺一年的成交额。

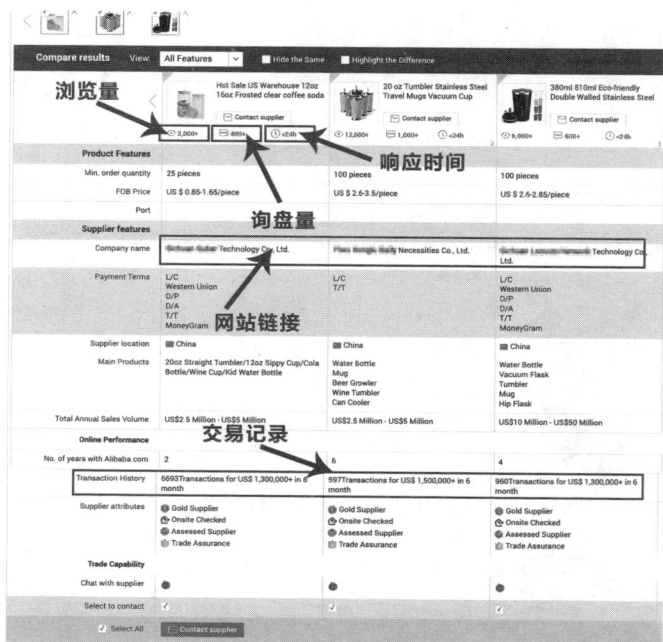

图 3-11　查看同行的交易数据

二、向优质同行学习,提升店铺质量

可以关注同行的以下几方面内容:

1. 价格

在缺乏直接交流的线上平台,价格对产品销售影响重大。若你的产品价格在同类产品中偏高,且无法通过图片、视频、文案等展示出产品优势,那么这款产品的运营难度将大幅增加。如图 3-12 所示,中间两款商品标价普遍高于其他两款,但销售量仅为几十,而其他两款销售量可达成百上千,且图片看起来并无本质区别。在这种情况下,想要提升业绩颇具难度。

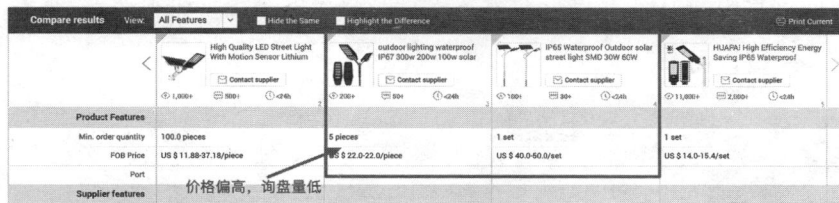

图 3-12　产品价格偏高，询盘量低

2. 关键词

与谷歌搜索类似，国际站的搜索也是基于关键词。产品是否包含潜在客户搜索的关键词，决定了其是否有可能出现在搜索结果列表中。也就是说，如果己方的标题、产品详情、公司介绍等内容中都没有买家搜索的关键词，买家基本就无法找到己方的产品。本书将详细讲述如何利用关键词撰写优质文案。本节重点在于如何做好同行竞品的关键词分析。

表 3-2 展示了详细的关键词分析表格，制作好这个关键词分析表是一劳永逸的方法。首次完善这些参数后，后续只需定期更新数据，就能为标题撰写等提供数据支持。那么，这个表格具体该如何填写呢？

表 3-2　关键词分析表

产品	标题关键词	产品属性关键词
knee brace	nylon knee strap brace sleeve sports knee brace with belt	knee brace
	compression sleeve knee support brace	knee support
	professional knee brace	knee support strap brace pad protector

点击进入想要分析的产品详情页，如图 3-13 所示，接着梳理标题和产品属性中的关键词，并复制到表格单元格中。通过这种方式，可梳理

出同行常用的关键词,再将这些关键词与自己的关键词进行对比,查看哪些关键词尚未覆盖。

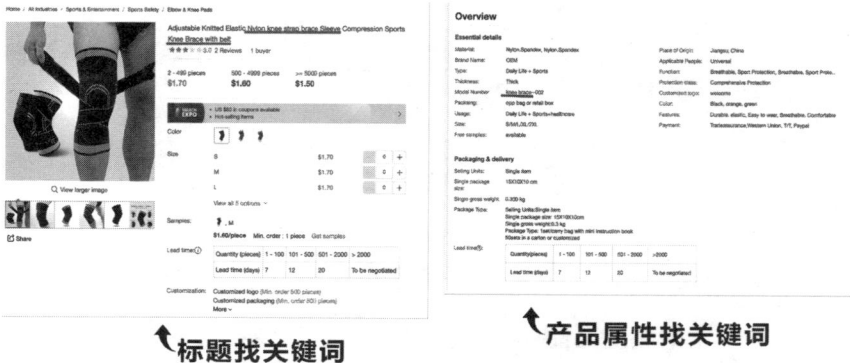

图 3-13　在产品详情页寻找产品关键词

3. 主图

图片是产品的直接展示,也是买家浏览产品时的首要关注点。可依据前文提到的三个注意事项拆解这些同行的产品,同时下载分析同行的六张主图。分析:第一张主图突出的亮点是什么? 每一张图的拍摄角度如何? 其余五张图是怎样补充和突出主图特点的? 己方的产品与这款产品相比有哪些优劣势? 该如何突出自身优势?

4. 产品详情页

收集和分析同类产品的详情页设计、展示方式,有助于审视自身产品详情页的设计水平。收集详情页时,可根据前文内容记录同行的展示逻辑和展示形式,例如,一共用了多少屏、每一屏展示的内容、这些内容的表达目的。通过这些数据,你便能明确自己产品详情页的排版方式、需要展示的内容以及展示方法。

5. 销量、交易额

能够获取该产品的销售数据,如销量、订单数、买家数,通过这些信息可预估该产品的线上销售额。需注意的是，这些数据仅为参考数值，并非最终成交量。这些数据能帮助你了解这款商品在国际站的相对需求量，尤其是当计划推出新产品时，这些数据能提供该新产品在国际站的预计销量，这也是爆品的数据来源之一。

爆品打造实际上包含两个步骤：第一步是找出具有爆款潜质的产品，第二步是利用运营技巧、推广资源持续放大其数据表现。这两步缺一不可，且顺序不能颠倒。许多国际站运营人员在打造爆品时，过于侧重第二步的技术放大，而忽视了第一步产品的选择，这是非常错误的。在错误的道路上只会离目标越来越远，在国际站运营中就会表现为"产品没爆，钱却花了不少"。所以，在打造爆品之前，首先要理解什么是爆品。在国际站中，爆品体现为"五多"：看的人多、点击的人多、询盘的人多、收藏的人多、购买的人多。这里的交易数据就为购买人数提供了参考依据。

6. 产品布局

产品布局决定了旺铺未来的业绩规模。可通过同行店铺页面的"product（产品）"来分析同行是经营全品类产品还是细分产品，如厨房专用产品、宠物专用商品等。

点击想要分析的店铺，进入首页，通过 products（产品）→all products（所有产品）→new（新的）路径，根据产品上架时间查看店铺的新品。找到这些新品后，可加入同行分析界面持续关注其后续销售情况。

如图 3-14 所示，也可在界面中找到 hot sale（热销产品）版块，了解他们哪些产品销量较好，并与己方的产品进行对比；找到 rating & reviews（评级和评论）版块，查看买家反馈，这些评论都是优化产品或运营策略的方向。

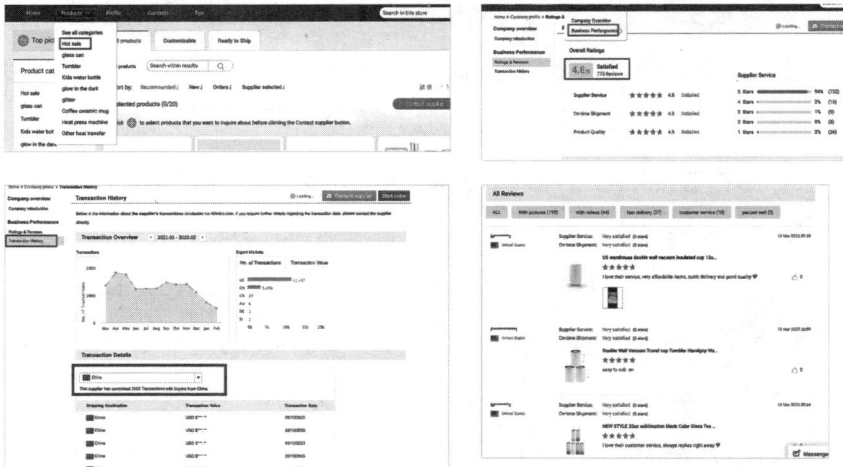

图 3-14　通过同行产品页面分析其产品布局

7. 销售地区

trade capacity（贸易能力）展示了这家店铺的产品主要销往哪些地区，点击 business performance（经营绩效）还能查看每月的销售量情况。收集了二十家同行的这些数据后，就能大致了解产品在哪些市场销量较高，为后续制定直通车推广运营策略提供数据支持。

有不少商家在运营阿里巴巴平台的旺铺时，通常这样操作：上架准备发布的产品，然后挑选一些加入直通车进行推广。每天的工作就是调整直通车出价、查看是否有新询盘。这种做法较为机械，虽不能说毫无用处，因为不断上架推广总比什么都不做要好，但实际效果往往难以保证。

实际上，在国际站运营过程中，并非在与自己比较，并非今天产品比昨天优化了一点，数据就会变好。在平台上，需要与同行竞争，努力排在同行前面。所以建议至少找到十个店铺，按照上述七个维度进行全面分析，如图 3-15 所示。这样对市场的认知会更深入，能够对店铺的产品布局、运营手段产生新的思路和规划，使运营工作更具目的性、计划性和逻辑性。图 3-16 所示的这个同行调研检查清单可以帮助自己进行同行调研。

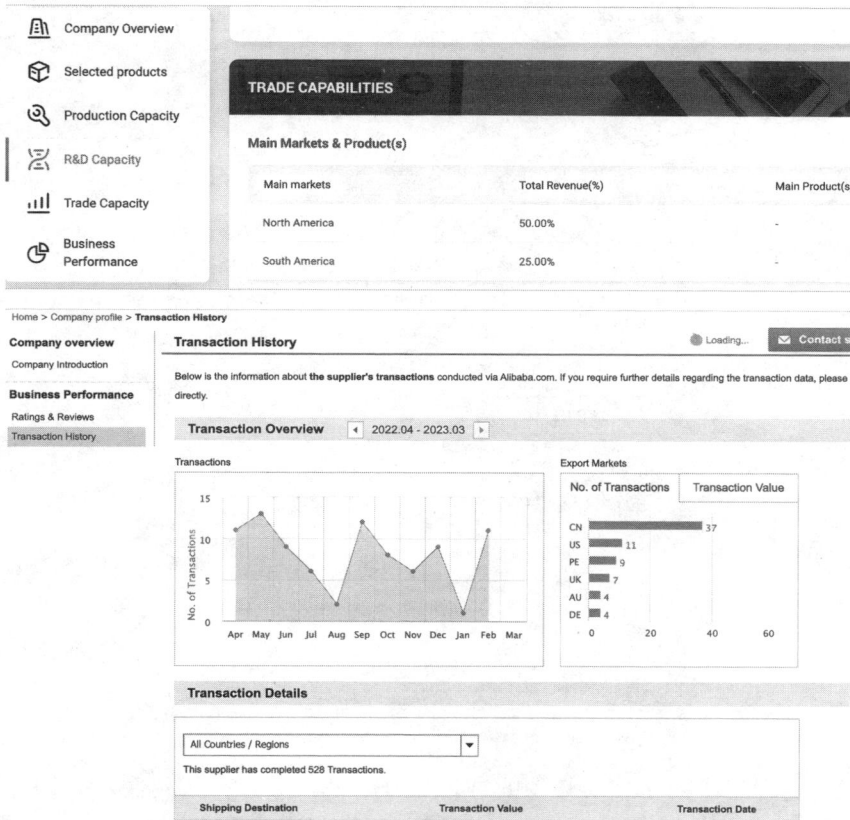

图 3-15　查看交易历史

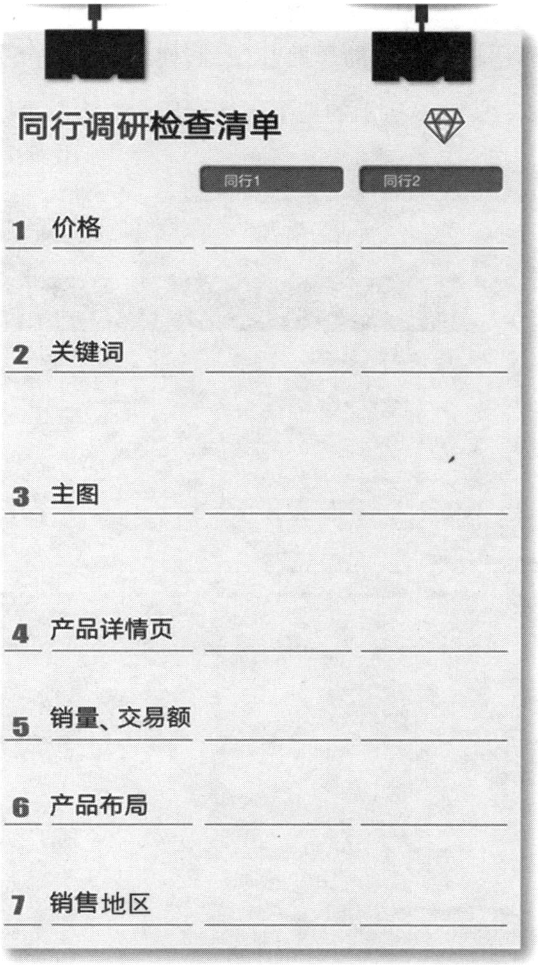

图 3-16　同行调研检查清单

第三节 关键词:万能标题公式, 助力店铺排名靠前

关键词的质量,直接决定着店铺流量。

帮助国外客户在中国采购,常常借助阿里巴巴国际站寻找供应商。一般做法是在国际站输入产品关键词,然后联系排名靠前的 10 家供应商,这也是大多数国际站客户的操作方式。由此可见,关键词是连接潜在客户的关键纽带。若关键词选择不当,就如同打枪没有子弹,根本无法瞄准目标。

一、如何寻找优质的关键词

本书以产品 fur slipper(软毛拖鞋)为例,下面分享五种实用方法:

1. 选词参谋

打开 My Alibaba(我的阿里巴巴)后台,进入"数据参谋"界面,直接输入核心关键词 fur(软毛),便能看到相关结果。随后,可依据"时间""终端""地区"三个选项进行筛选。在"时间"维度上,有"最近 7 天"和"最近 30 天"两种选择,通常会选择"最近 30 天",如图 3-17 所示。

注意,这些关键词具有时效性。例如,假如今天是 3 月 22 日,那么

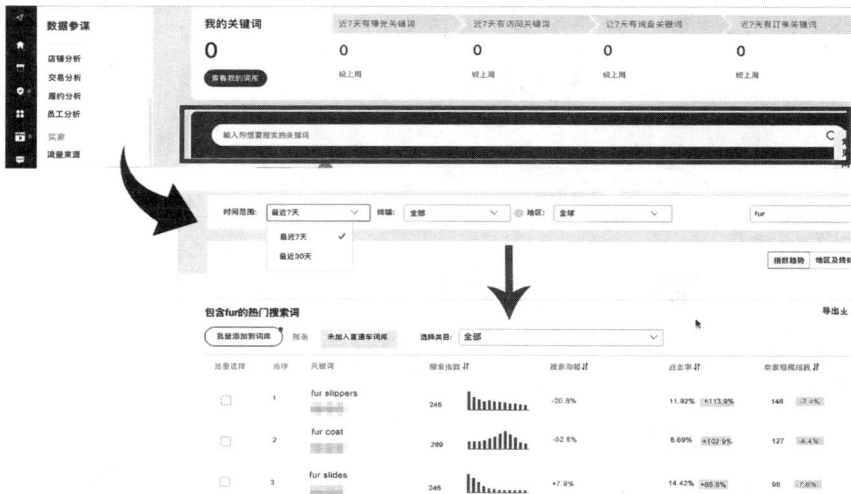

图 3-17　通过数据参谋选择产品关键词

只能看到 2 月 22 日到 3 月 22 日期间的关键词，2 月 22 日之前或 3 月 22 日之后的关键词则无法查看。所以，建议定期查看"选词参谋"的结果。倘若不清楚潜在客户的设备或区域，"终端"和"地区"这两个选项可选择默认设置。

该界面中的"搜索指数"并不等同于实际搜索人数，"点击率"也并非使用该词就能达到的点击率，它是整个词的点击率，与己方的产品是否有客户点击并无太大关联。这里的词指的是在推广时的精准匹配。客户点击和询盘主要与己方的产品相关。

通过此方法，能够找到一批核心关键词，首先将这些关键词全部复制粘贴到下表中的 K1 列。接着，利用核心关键词挖掘长尾关键词。比如，点击第 3 个关键词 fur slides，进入后可看到更多长尾关键词，然后将这些长尾关键词全部复制到表中的 K2 列。下一步查找 K3 列长尾关键词，在搜索框输入 K2 列的词，如 fur slides，"时间范围"选择"最近 7 天"，按"搜索涨幅"排序后，便能得到一批 K3 列的关键词。之后查看

"点击率"和"卖家规模指数"，挑选出"点击率"非 0 的关键词。这些词的"卖家规模指数"通常会低于 k1 列和 k2 列的词。例如，fox fur slides for women（适合女性的毛拖）的卖家指数为 19，而图中 k1 词的卖家规模指数基本都在 100 左右。显然，与 20 个人竞争一个关键词的难度，要比与 100 个人竞争低得多。在这种情况下，即使不开直通车，由于竞争人数少，也比较容易排在首位。最后，将这些长尾关键词复制到表 3-3 中的 k3 列，结果见表 3-3。

表 3-3　关键词列表

k1	k2	k3
fur slippers	fur slides	wholesale fur slippers for women
fur slides	kids fur slides	fox fur slides for women
fur fabric	faux fur slides	fluffy fur slippers for winter
real fur	fur slides with purse set	indoor fur slippers for home
fur boots	fur slides women	wholesale fur slides
animal fur	raccoon fur slides	cute fur slippers for girls

2. RFQ 市场

请求报价（request for quotation, RFQ）。它类似于菜市场上的公告栏，虽然 RFQ 市场对获得询盘的作用难以确切衡量，但它在获取关键词方面的作用不容小觑。在 My Alibaba 里点击"商机沟通"，进入"RFQ 商机"界面。在此处能看到关键词详情，其中包含"发布时间""行业"等选项。点击"最近 7 天"后选择"行业"，可细分至第四级。接着点击"关键词匹配"，如图 3-18 所示，便会出现许多关键词，这些都是客户可能搜索到的词。按 RFQ 量从高到低排序，将这些词复制到表格里。建议养成每七天查看一次的习惯，因为这些词都是潜在客户可能搜索的。

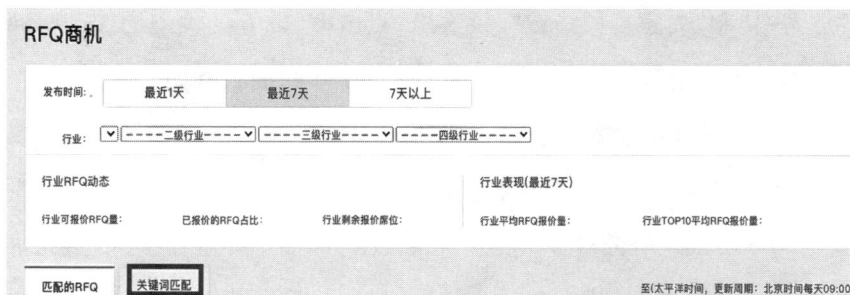

图 3-18　在 RFQ 商机界面寻找关键词

3. 引流关键词

从 My Alibaba 的"数据参谋"进入"引流关键词"界面,这里有大量可供选用的关键词。若之前从未使用过"引流关键词",可先选择一个月的时间维度;若经常使用,则选择一周。与 RFQ 商机一样,要保持每周查看一次的习惯。许多国际站运营人员进入该界面后,往往关注"点击量""点击率"这些参数。然而,如果需要更多优质关键词用于推广,这些数据的作用并不大,因为这些词都是已经在使用并正在推广的词。可以从"非外贸直通车推广词""未设置为产品关键词""有效果"这三个选项中,挖掘更多尚未用于推广的词,如图 3-19 所示,再按"点击率"从高到低进行排序筛选。

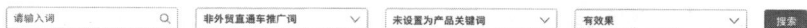

图 3-19　在这个页面挖掘更多尚未用于推广的词

为什么通过这种方式筛选出的词有效呢？因为这些词是通过自然流量搜索进来的,且是你之前未曾考虑到的词。如果这些词有效果,意味着自然流量发挥了作用,而自然流量有效果,说明推荐流量起到了作用。接下来,要做的是将这些词逐个复制到国际站首页进行搜索,确认该词是否与自己的产品相关。若搜索结果中排名前十的产品里,有五个或以上与你的产品相关,就可以使用这个词进行推广。在筛选关键词时，千万不要受限于自己的思维。

4. 搜索下拉词

当在阿里巴巴国际站主页面搜索产品时，会出现一个下拉框，其中显示的关键词都是搜索量较高的词。在该页面向下滚动滚动条，可看到 popular on Alibaba. com（国际站最受欢迎的产品），点击进入便能看到热销品榜单。例如，fashion fur slippers（时尚皮草拖鞋）就是该产品热度最高的词。若想查看其他词的榜单，只需将地址栏里的部分词修改为你想要查找的词，如 fur（皮草），就会看到新的榜单，如图 3-20 所示。在这个新榜单下，women's coats（女性外套）是热度最高的词。

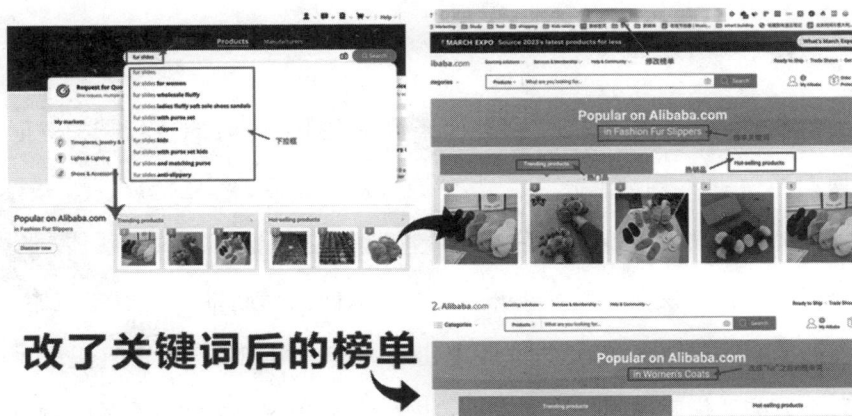

图 3-20 修改关键词后看到新的榜单

5. 利用 ChatGPT 找词

ChatGPT（chat generative pre-trained transformer）是一款聊天机器人程序，它不仅能协助撰写论文，还能帮忙查找关键词。登录 ChatGPT 的网址，注册后即可输入问题。如果想要查找阿里巴巴关键词时，可以输入以下问题：

- What are the 20 long tail keywords for {KEYWORD} on alibaba?（在阿里巴巴国际站里关于{产品}最受欢迎的20个长尾关键词是什么?）

- What are the keywords for {KEYWORD} on alibaba?（在阿里巴巴国际站里关于{产品}最受欢迎的关键词是什么?）

随后，就能通过 ChatGPT 获得关键词推荐。

这里只是列举了常用的五种查找关键词的方法，还可以借助许多工具查找关键词，找到的关键词都可补充到表格里，从而得到一个精准优质的关键词表。在查找关键词时，切勿让过往经验束缚想象，通常限制自己发展的，正是那些当下认为正确的人、事和道理。

二、如何设置标题

找到的众多关键词，它们有什么用呢？排名搜索的核心是关键词搜索，关键词的用途十分广泛，其中最重要的是用于标题撰写。每一个关键词背后都代表着一种需求，而标题是承载关键词的重要载体。一个好的标题不仅会影响排名顺序，还能降低国际站推广的点击成本。在标题中既要包含关键词，又不能出现关键词堆砌的情况。这里展示一个万能的优质标题公式，如图 3-21 所示，利用这个公式编写的标题更容易获得靠前的排名。完成这个公式需要以下几步：

1. 长尾关键词

通过前文讲述的五种方法，可以查找到大量关键词。将这些关键词填入表 3-4 中，k1 列放置核心关键词，k2 和 k3 列覆盖其他不同的关键词。全部填写完成后，使用 Excel 函数 & 将这三个单元格的文字合并到一个单元格里。即在第四个单元格里输入公式" = A2&" "&B2&"

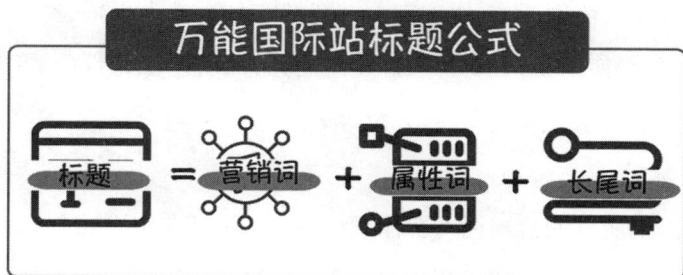

图 3-21　万能国际站标题公式

"&C2"，即可得到长尾关键词 fur slippers，fur slides，Wholesale fur slippers for women（软毛拖鞋、软毛便鞋、女用批发软毛拖鞋），见表 3-4，然后将这个公式复制到其他单元格，就能得到相应结果。

表 3-4　关键词列表

k1	k2	k3	长尾关键词
fur slippers	fur slides	Wholesale fur slippers for women	fur slippers Fur slides Wholesale fur slippers for women
fur slides	kids fur slides	fox fur slides for women	fur slides kids fur slides fox fur slides for women
Fur fabric	faux fur slides	Fluffy fur slippers for winter	Fur fabric faux fur slides Fluffy fur slippers for winter
Real fur	fur slides with purse set	Indoor fur slippers for home	Real fur fur slides with purse set Indoor fur slippers for home
Fur boots	fur slides women	wholesale fur slides	Fur boots fur slides women wholesale fur slides
Animal fur	raccoon fur slides	Cute fur slippers for girls	Animal fur raccoon fur slides Cute fur slippers for girls

2. 加上营销词和属性词

营销词是以卖点、优惠、活动等为前提，具有促进营销作用的词，比如：2025 工厂直销、工厂批发、厂家直销、特价、月销万件、折扣、优惠、限时打折、爆款、热销产品、店主推荐、节日特惠、新品上市等；属性词则是以产品参数、使用场景、专属人群等为前提，反映产品特性的词，如续航久、防腐蚀、防水、室外、女性、儿童等。

3. 标题

可以把所有的营销词和属性词也写在表格里，用同样的 Excel 公式 ="E2&""""&F2&""""&E2" 可以得到一系列的标题。需要注意的是，长尾关键词要放在后面，见表 3-5。拥有这个表格后，上架产品就会更加有序。那些已经使用过的标题，可以用不同颜色加以区分。建议在发布产品时，一定要制作类似这样的表格；否则，后期根本无法知晓哪些关键词已使用、哪些尚未使用，因为在运营过程中，不可能逐个去查找关键词。另外，还要注意字符控制在 60～80 个，这样在手机端查看标题时，只要不超过 80 个字符，标题就会在一行显示，阅读体验更佳。

表 3-5　关键词列表

k1	k2	k3	长尾关键词
fur slippers	Fur slides	Wholesale fur slippers for women	fur slippers Fur slides Wholesale fur slippers for women
fur slides	kids fur slides	fox fur slides for women	fur slides kids fur slides fox fur slides for women
Fur fabric	faux fur slides	Fluffy fur slippers for winter	Fur fabric faux fur slides Fluffy fur slippers for winter
Real fur	fur slides with purse set	Indoor fur slippers for home	Real fur fur slides with purse set Indoor fur slippers for home
Fur boots	fur slides women	wholesale fur slides	Fur boots fur slides women wholesale fur slides
Animal fur	raccoon fur slides	Cute fur slippers for girls	Animal fur raccoon fur slides Cute fur slippers for girls

通过以上两个步骤，可以整理出一批质量优质的标题。如果关键词都已用完，可以重新按照本书所提的步骤，进入相应界面，选择"最近七天"，这样每七天就会有新的统计。养成"七天一查"的习惯，及时了解关键词的迭代以及国际站运营规则的更新。培养一种与时俱进的终身学习心态，远比学会公式更为重要。可以借助图 3-22 所示的国际站标题行动清单，找到适合自己的标题。

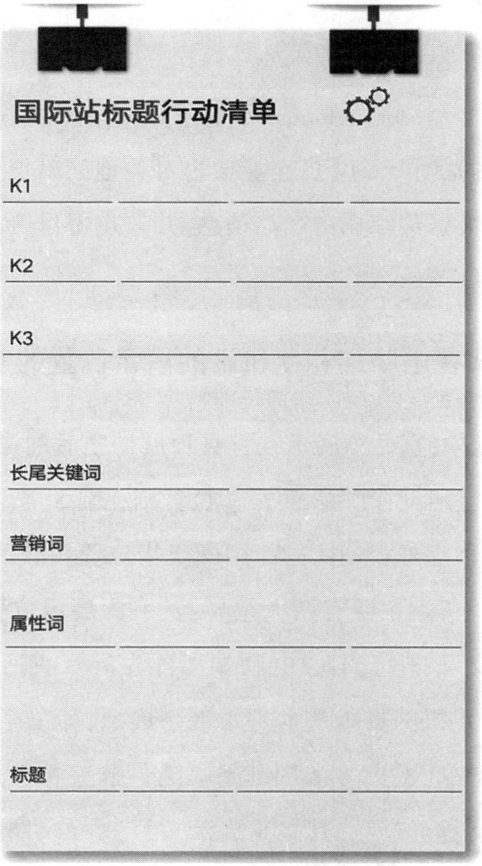

图 3-22　国际站标题行动清单

第四节　外贸直通车:钱少也能爆流量

外贸直通车(pay for performance, P4P)是阿里巴巴国际站的付费引流工具。它指的是国际站会员企业通过对关键词出价竞争,购买产品信息展现机会,吸引买家点击产品信息,并按点击付费,是专用于国际站平台的网络推广方式。

一、直通车在电脑端和手机端的展示位置的差异

电脑网页版中,直通车展示在首页顶展词之后的第 2 名到第 6 名位置;若某些关键词没有顶展,直通车位置则在前 5 名。每个展示位右下方有灰色"AD"字样(见图 3-23 圆圈所指位置),代表这是广告位。电脑网页版和手机端主要有两大差异:其一为展示位置,手机端直通车和自然排名交叉排列,不像电脑端那样先展示直通车产品再展示自然排名产品,手机网页版基本是二带一展示,即二个直通车产品带一个自然排名产品,手机 App 端则基本是一带三展示,即一个直通车产品带三个自然排名产品;其二是展示数量,电脑端最多只有五个直通车展示位置,手机 App 端有十个直通车展示位置,手机网页端最多可展示十五个位置。

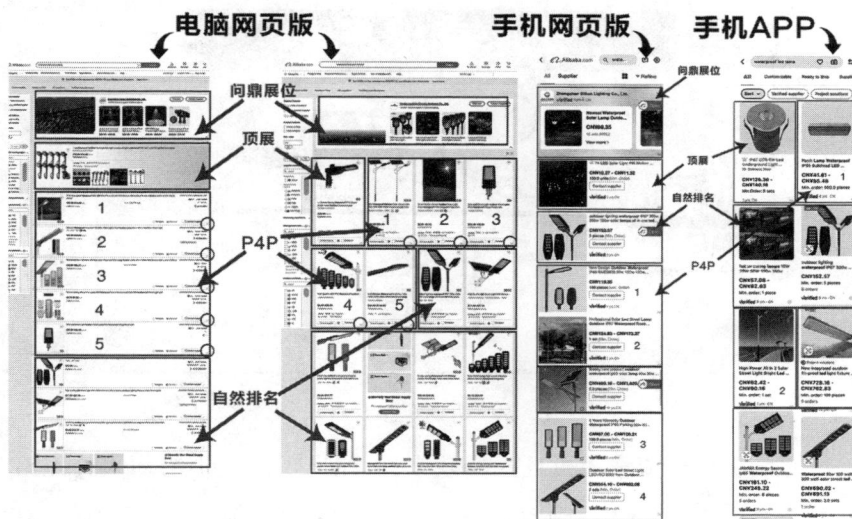

图 3-23 不同客户端直通车位置

二、直通车推广产品

直通车展示推广产品时，主要依据竞价排名顺序，该顺序与推广评分、出价排序等相关。推广评分是隐藏值，商家通常无法看到，它与直通车后台展示的星级成正比，即星级越高，推广评分值越高。出价排序并非单纯的出价值，而是综合各种溢价因素后的实际出价。通过这种方式计算排名后，直通车会在相应位置免费展现推广产品，展示产品不扣费，每点击一次收取一次费用，直至日限额消费完。扣费并非按出价多少扣费，而是按照公式计算，如图 3-24 所示。

国际站的运营逻辑是：当新上架一款商品时，系统会提供初始流量，使商品获得随机展现机会。若上架产品在展现的关键词上表现优秀，会获得不错的分值，系统将提供更高权重和曝光；反之则会降低，逐渐沦为弱效果或零效果商品。

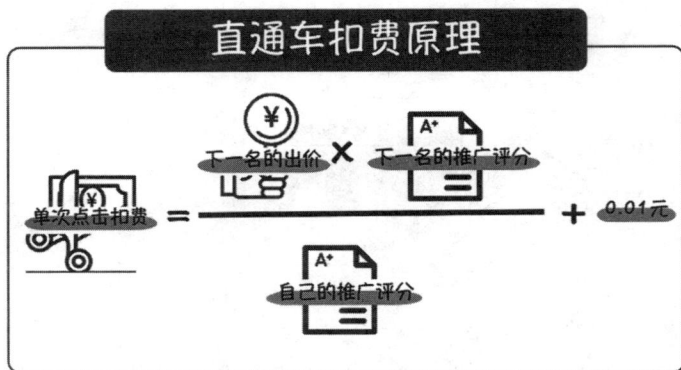

图 3-24　直通车扣费原理

系统分配的流量随机且规模较小,可能出现商品不错却因分配给不感兴趣买家,产生较差买家行为数据的情况,系统便会默认商品不受买家喜欢,进而减少权重和展现。虽然这种方式不太科学,但对所有产品一视同仁,相对公平。若在此阶段利用直通车针对性推广,就有可能获得不错的数据行为效果,提升权重、获得更好排名,最终提升商机和销量。

许多国际站运营人员的做法是:开通直通车,定期上架新品,设置每天 80~100 元的预算,然后坐等询盘和订单。三个月过去仍无订单,就认为直通车没有效果,甚至完全不清楚"哪些词被扣费了""平均点击费用是多少""推广的是哪些产品"等。换个角度看,如果单纯投钱就能坐等订单询盘,生意如此好做,公司也就不需要运营人员了。正因直通车运营有难度,并非砸钱越多效果越好,才凸显出运营人员的价值。

下面罗列出影响投放的三个要素:关键词、推广评分和出价,如图 3-25 所示。

关键词在前文已详细说明,本节重点讲解如何提高质量评分,并且在工具四的相关内容中会重点讲解如何出价。

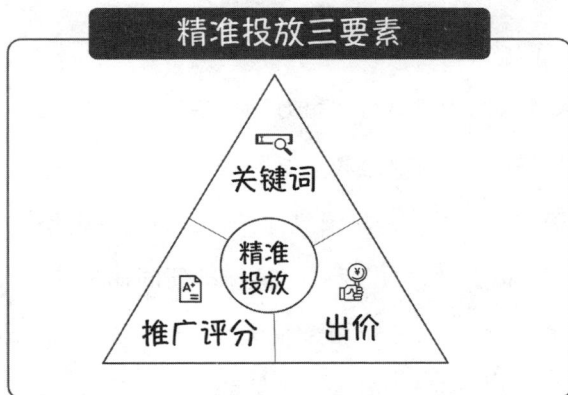

图 3-25　精准投放三要素

　　直通车推广评分，又称直通车质量分，是衡量推广关键词与想要推广产品相关性的指标，同时也是平台为限制买家不合理竞争的一种控制手段，具体表现为产品与买家搜索词的相关性和喜好度。在某平台推广，需最大限度维护平台用户。例如，当买家搜索"LED 灯"这个关键词时，期望看到物美价廉的 LED 灯产品，而非毫不相干的钻石类产品或以次充好的冒牌货。在关键词和出价价格不变的条件下，推广产品的推广评分越高，所需支付的点击费用越低。这样做可避免大商家高价垄断流量，让更多商家在平台上存活。

　　推广评分是通过多指标综合评价的产品星级，单一产品无评分概念，只有与不同关键词匹配后才有评分。一般来说，买家从了解产品到最终成交的全部环节都在国际站平台完成，所以平台能轻松掌握每一款产品的全部买家行为数据，并据此给出推广评分，如图 3-26 所示。最高分为 5 星，要拿到 3 星以上才能设置优先推广，才有排名第一页前 5 名的资格。若产品关键词的推广评分是 1 星、2 星，意味着需进一步优化关键词或产品信息来提升星级；若推广评分是 0 星，则不能进行投放。

状态	关键词 ⇕		关键词组	出价(¥)⑦	同行平均出价(¥)⑦	预估排名⑦	推广产品数⑦	推广评分⑦
II	300ml pet bottle		低星词	4.2	8.6	其他位置 ⑱	6	★★★★★

图 3-26　产品的直通车推广评分

实际上,推广评分的数值和星级并非完全一致,只是呈正比关系。实际参与扣费的推广评分是隐藏值,商家无法查看,数值也不是星级对应的 1~5 分,而是更高、更广泛的分值。即便同样是 5 星级产品,实际参与扣费的推广评分也可能相差很大,但 5 星级产品的评分必定比 4 星级产品高。这里展示影响推广评分的三大因素,见表 3-6。

表 3-6　星级、类目相关性、文本相关性与买家喜好度之间的关系

星级	类目相关性	文本相关性	买家喜好度
1 星	低	低	低
2 星	较低	较低	低
3 星	高	高	较低
4 星	高	高	较高
5 星	高	高	高

三、星词优化思路

1. 1 星词、2 星词的优化思路

当买家搜索关键词进入国际站后,产品展示在第 1~5 页或者第 10 页,甚至是不展示,国际站会通过以下三个环节决定:

第一个环节是"过滤",系统会先把不符合关键词的产品或曾经有侵权行为的店铺过滤掉;

第二个环节是"匹配",匹配过程涉及类目是否相关、文本是否匹配;

第三个环节是"排序"。

1 星词、2 星词对应的问题是产品和类目的相关性并且关键词的相

关性低，可根据以下两个步骤进行优化：

（1）查看类目是否准确：推荐一个实用技巧，在国际站首页输入产品关键词搜索，点击自然排名靠前的产品，查看其类目，如图 3-27 所示。

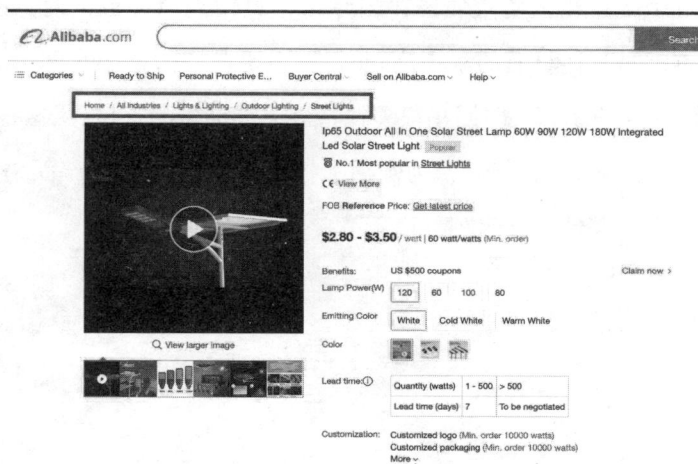

图 3-27　查看产品类目

（2）优化文案：先找出低星级词，通过下图方法筛选出 1 星词、2 星词，选中所有关键词，点击"修改所属组"后新增"低星词"组，即可将所有低星词组筛选出来。接着根据"搜索热度"，找出平台里搜索热度较高但在自己账号里属于低星词的关键词，并分析原因，如图 3-28 所示。

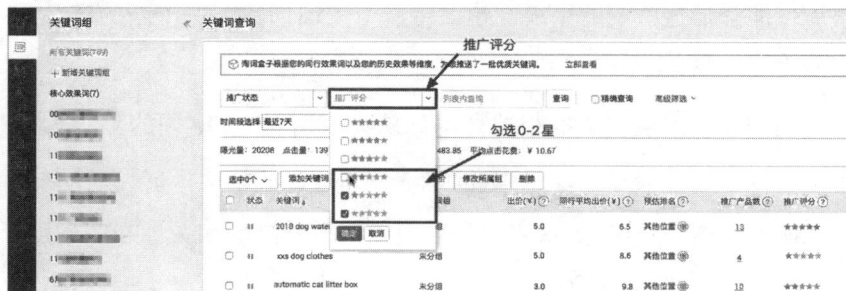

图 3-28　查找低星词

这里需要注意的是,通过相关方式选出的低星词并非不好,只是说明该词与所上传产品相关性弱。因此查找低星词时,一定要结合后面的"推广产品数"。例如,关键词 500mL pet bottle(500mL 宠物瓶)与要推广的五个产品相关性较弱。在国际站首页输入该关键词时,显示的产品基本都是其他材质的水杯,而非账号想要推广的宠物水杯,如图 3-29 所示。这种情况下,即便花很多钱将该关键词做到首位,买家也不会点击或产生后续购买行为,因为宠物水杯不是他们想要的产品,这表明该词与产品相关性弱,建议删除。

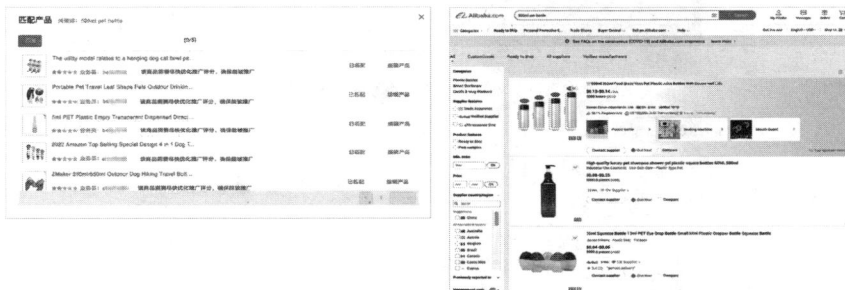

图 3-29　发现与产品相关性弱的关键词

比如,led light 这个词,在国际站的搜索结果与要推广的 LED 灯产品强相关,但星级仍较低,如图 3-30 所示。此时不建议在该产品上修改,因为修改过程可能影响其他关键词,其他关键词星级可能较高,调整后可能降低这些词的星级。建议将这个关键词匹配一个新的产品重新发布。

当类目相关性和文本相关性都确认无误时,该关键词的星级大概率会提升至 3 星级以上。操作直通车推广时,并非星级低的词就不好,星级高的词就一定好,更重要的是看关键词与产品的相关性和匹配度。对于合适的词,可通过优化类目和文本使其成为 3 星至 5 星词;若该词与产品无相关性,建议放弃,重新寻找合适的词。

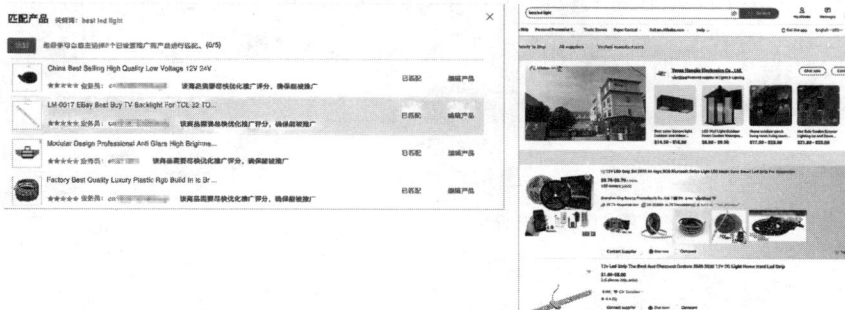

图 3-30　LED 灯产品搜索结果与产品强相关

2. 3~5 星词的优化思路

3 星词的主要问题是买家喜好度较低，即不受买家喜欢。国际站主要用买家点击率这一指标来定义买家喜好度。

若产品点击率低，首先要优化产品主图、最小起订量、价格等基本信息，提升产品信息质量，优化方式可参考前面内容。

当产品达到 3 星词以上，且产品主图等基本信息已优化，最后要优化出价策略。阿里国际站首页有 50 个产品，若产品排在后面，获得的点击自然就低。通过出价让产品排在前五名从而提高点击率，是优化 3 星词至 5 星词的必经过程。那么如何合理出价呢？下面分享田忌赛马式出价法，后文有关工具 4 的内容中也会有更详细的讲解。

预算基本根据公司预算设置，例如封顶预算是 10 元。如图 3-31 所示是前五名在较高位的出价，此时可能是每天下午三点后，前五名竞争非常激烈，第五名的价格都超过封顶预算，所以可以先出一个底价。等大家投放一段时间后，到较低位置时，比如深夜，大家预算都花得差不多了，竞争没那么大，价格就有可能降下来。可以看到前五名的价格差别很大，这时再抢前五名的位置，出价就会低很多，只需 4. 3 元。若根据封顶预算 10 元，出到 9. 9 元，就可以争取第三名的排位。这就是田忌赛马式出价,不要用自己的上等马去跟别人的上等马硬碰硬,可用自己的上等马去跟别人的中等马竞争,用中等马去跟别人的下等马竞争,这样就能花更少的钱获得更好的位置。

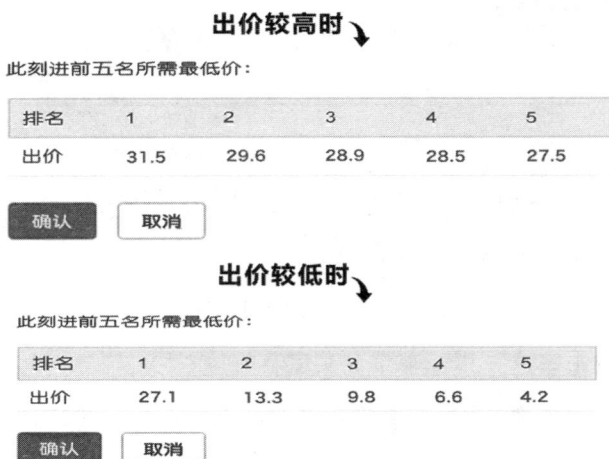

图 3-31　田忌赛马式出价法

运营过程中要时刻关注同行出价,这有助于更合理出价。图 3-32 展示了自己的数据、同行数据和同行前十名的数据。从这些数据可知,该账号的单次点击费用较低,只需 4.23 元,同行平均为 5.47 元。虽然

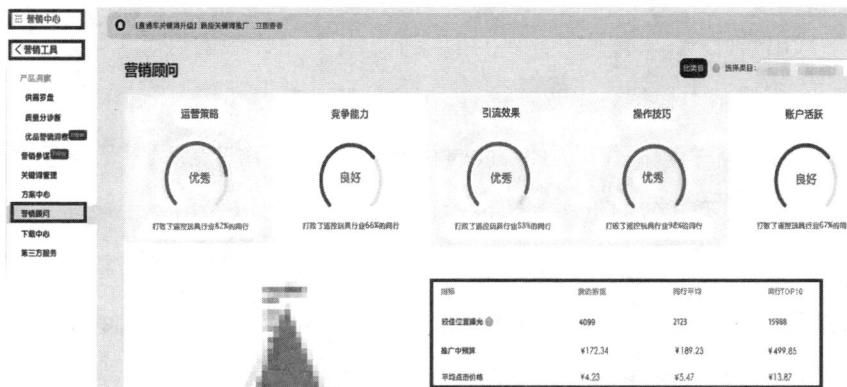

图 3-32　紧密关注自己的数据和同行的数据

每天的曝光量与同行前十名相比有一定差距,但仍远高于平均值,且预算比同行平均低一点,曝光却高很多,这说明该账号的推广效果不错。若发现自己账号预算低、曝光也低,就需要提高每日预算。

综上所述,直通车要点如图 3-33 所示。

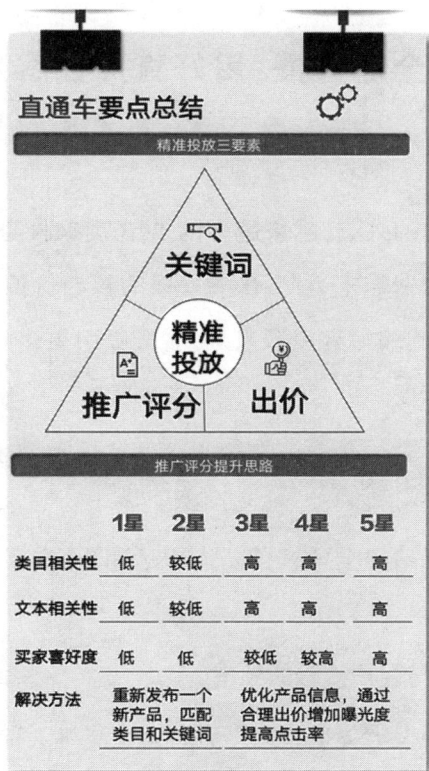

图 3-33 直通车要点总结

第五节　全球直播：用好直播让客户秒下单

随着视频营销的兴起，越来越多的 B2B 商家投身直播领域。与 C 端直播旨在激发消费需求不同，B 端直播的核心价值在于建立信任和实现高效链接，以此缩短客户开发周期：既吸引更多新客户关注，又能加快老客户下单速度。

一、直播带来的价值

阿里巴巴国际站的全球直播功能应运而生，主要为商家带来三大价值：

价值一：提高与客户接触的频率

跨境销售的一大劣势是与客户面对面交流机会稀缺。即便企业安排出国拜访，每次成本可能至少 10 万元，出国拜访频率也有限。而直播可以每天进行，成本相对较低，却能大幅提升与客户的接触频率。

价值二：全方位展示商品和工厂

在国际站平台，商品特色和工厂实力主要通过图文、视频等方式展现，对于产品质感的触摸感受、内搭设计等细节难以呈现。由于信息不对称，客户常常只能先依据价格判断，这就导致注重质量的产品容易淹没在一堆价格更低但质量稍差的产品中,这也是很多人认为国际站只是价格竞争的原因,且这种情况难以避免,毕竟仅靠图文视频确实很难判断产品质感。而直播则是很好的补充,只要产品有实力,直播就能成为拉开与竞争对手差距的关键途径。

价值三:实时与客户互动:

客户在国际站采购商品,有时早上发出的询盘要等到第二天才有回复。这种信息回复不及时的情况极大影响客户体验,即便供应商第二天回复,也会在客户心中留下不良印象。但在直播间里,与客户的互动是实时的,能有效避免这一问题。相信大多数业务员都渴望获得订单,因为没有订单就没有业绩。

在决定直播前,务必前往国际站后台深入了解直播内容安全规则,明确哪些类目可直播,哪些不可。国际站后台对这些内容有详细说明,且规则不断变化。

二、面对火爆的直播渠道,国际站商家该如何做准备

第一步:明确直播主题

主题的确定关乎后续一系列操作,如场景布置、脚本设计、直播时长等。可以说,选好主题就成功了一半。图 3-34 展示国际站直播的几种常见主题:直播探厂(factory tour)、爆品热卖(hot picks)、新品发布(new arrivals)、实时接待(Q&A live)、商品评测(product test)、潮流趋势(trends)和促销折扣(discounts)。

(1)直播探厂:此主题尤其适合询盘量多但成交较少的商家。在买家考察供应商阶段,对探厂有明确需求,因为许多国外采购商希望直接与工厂合作。提供探厂服务,协助国外采购商实地考察工厂,并将拍摄

图 3-34　国际站直播的几种常见主题

的照片、录制的视频发送给采购商,而探厂类直播能实时展示工厂实力,包括生产线、机器设备、组装车间、质检车间、包装发货、工人风貌、设计流程等,还能与客户直接互动,增强双方信任关系。

（2）爆品热卖和新品发布:这两种主题都围绕产品展开,一个是热卖爆品,一个是全新产品。若是爆品热卖,可挑选国际站销量出色的产品,挖掘其畅销原因并在直播间再次展示;新品发布的核心在于"新",意味着新商机,直播时应围绕"新"展示产品的新材料、新工艺、新设计、新技术等。

（3）实时接待：这种直播类似线下门店导购互动，以直播形式回答买家问题，能迅速拉近与客户的距离。好处是无须过于专业的脚本，因为难以预测客户问题，主播需对产品非常熟悉，反应敏捷，最好让销售和技术共同参与直播。若技术人员不懂英语，销售可现场担任翻译。

（4）商品评测：通过实验、体验、对比、测试等方式展示产品核心竞争力。

（5）潮流趋势：核心是"趋势"，特别适合对流行元素敏感的服装、饰品、家居等行业，可展示当季流行款、预测下一季流行款等。

（6）促销折扣：目的明确，就是促成现场成交。对于犹豫不决的客户，促销折扣是关键，优惠价格是促成交易的临门一脚。

第二步：设计直播流程

直播流程表是直播过程中执行的计划，涵盖场景搭建、直播人物、道具、台词、动作、流程、时间等要素，有助于把控直播节奏、规范直播流程、达成预期目标。表3-7展示的是产品类直播的流程，如爆品热卖、商品评测、潮流趋势、新品发布等均可参考。可以从商品卖点、设计理念、使用场景、产品细节展示、流行趋势、商品评测、买家成功案例、定制情况、售后服务等角度进行阐述。无须撰写完整用词，只需罗列大纲和框架，直播存在诸多不确定性，且直播注重感染力，照本宣科会显得死板，失去直播意义。

在流程中，除产品介绍、公司介绍外，互动也是重要环节。因为单向输出不如双向沟通，互动能力是影响主播生命力和竞争力的关键因素之一，也关系到后续订单的跟进促成。若某个客户在直播间互动频繁，后续成单可能性也较大。那么在 B2B 直播中如何设计互动呢？本书提供四种互动设计供参考，可根据产品特性设计更多互动方式：

表 3-7 直播流程

直播时长：两小时		直播主题：爆品热卖			
时间	类型	内容	方式	道具	目的
20:00—20:05	欢迎暖场	热身打招呼，介绍自己和团队	口播	手举欢迎牌	让客户了解你们是谁，增加亲近感
		直播主题，流程等			让看直播的客户了解这场直播的内容
20:05—20:15	公司介绍	公司介绍，服务特色介绍等	视频+口播	播放公司介绍视频	播放公司视频，用简单的语言介绍公司的特色和实力
	引导客户行为	引导客户关注、提问、索取产品目录等	口播	展示产品目录	增加互动率，主要是针对在线的、刚进直播间的客户
20:15—20:45	介绍第一款产品	产品实物展示	口播	将产品放在展示架上	展示专业度
		防水功能展示	实验+口播	将产品放在水里进行防水实验	
		承重功能展示	实验+口播	将产品压在石头下面进行承重实验	
		整体参数和细节功能介绍	口播	手举 KT 板展示功能	

续上表

时间	类型	内容	方式	道具	目的
20:45—20:55	订单引导	引导客户领取产品目录电子版	口播	展示产品目录电子版	增加互动率，主要是针对在线提问和刚刚进直播间的客户
20:55—21:25	介绍第二款产品	产品实物展示	口播	将产品放在展示桌上	
		防水功能展示	实验+口播	将产品压在石头下面进行防水实验	
		承重功能展示	实验+口播	将产品压在石头下面进行承重实验	展示专业度
		整体参数和细节功能介绍	口播	手举 KT 板展示功能	
21:25—21:30	引导	引导客户领取产品目录电子版	口播	展示产品目录电子版	
21:30—22:00	第三款产品	产品实物展示	口播	将产品放在展示桌上	
		防水功能展示	实验+口播	将产品压在石头下面进行防水实验	
		承重功能展示	实验+口播	将产品压在石头下面进行承重实验	
		整体参数和细节功能介绍	口播	手举 KT 板展示功能	
22:00—22:15	感谢词	阐述产品设计理念，也可适当闲聊，并感谢客户	口播	手举欢迎牌	增加互动率
	下期预告	预告下一次直播时间，引导继续关注	口播	手举预告直播时间版	引导关注，和预告下期直播时间

137

（1）产品目录电子版：引导在线客户领取，快速与在线客户建立联系。

（2）直播专享价：引导在线客户联系助手获取专享价，对观望客户是促成交易的关键。

（3）优惠券：设置有效期，便于后续跟进。

（4）免费样品：在线下单即可免费获得样品。

第三步：准备直播物料

表3-8罗列了常用道具，可根据产品情况进行增删。搭建直播场景时要注意统一视觉，最好以公司标识颜色为主要背景色，打造直播超级符号，加深记忆点。使用手机支撑架时，要注意取景范围，明确是展示全身还是半身，能否清晰呈现产品细节。

表 3-8　直播物料准备程序

序号	类别	项目	检查内容	检查结果	
1	硬件设备	电脑	是否开机正常 是否有待更新的系统 电量是否充足 是否连接电源正常工作	□是 □是 □是 □是	□否 □否 □否 □否
2		手机	摄像头画面是否正确 电量是否充足 是否连接电源正常工作	□是 □是 □是	□否 □否 □否
3		手机支架	是否稳固 直播画面是否显示完整	□是 □是	□否 □否
4		麦克风	是否有重音 是否收到声音 声音大小是否合适	□是 □是 □是	□否 □否 □否
5		补光灯	亮度是否足够 打光位置是否正确 安装是否稳	□是 □是 □是	□否 □否 □否

续上表

序号	类别	项目	检查内容	检查结果
6	软件设置	网络	网速是否达到 10 Mbit/s（含）以上	□是　□否
7		国际站平台测试	是否正确显示	□是　□否
8		电脑软件	是否已关闭占资源软件 是否已关键软件提示音	□是　□否 □是　□否
9		显示软件	PPT 等展示内容是否正常打开 是否处于激活状态 软件是否有字体缺失等问题	□是　□否 □是　□否 □是　□否
10	直播场景	背景板	是否统一视觉	□是　□否
11		提示板	是否已经完成	□是　□否
12	产品确认	产品目录	是否已经创建好产品目录	□是　□否
13		直播产品	是否准备好新品 是否准备好爆品 是否能够看清产品细节 每样产品是否准备两个（含）以上 产品功能是否完备	□是　□否 □是　□否 □是　□否 □是　□否 □是　□否
14		云台	是否有探厂环节 操作是否稳定	□是　□否 □是　□否
15	信息设置	封面	封面图是否有记忆点	□是　□否
16		主题	主题是否有记忆点	□是　□否
17	车间确认	车间	是否需要展示车间 展示区域是否清理干净 展示区域物品摆放是否整齐	□是　□否 □是　□否 □是　□否

若有工厂直播场景,务必将工厂、车间、仓库等清理干净,整洁的环境体现对品质的高要求,如图 3-35 所示。最好在工人上班时直播,展示繁忙景象,营造产品需求旺盛的氛围。还需配备云台,防止画面抖动影响观看。准备另一部手机,实时查看直播画面,及时调整。

若是直播产品,应尽可能还原产品使用场景,增强代入感。根据不同主题选择不同主打产品,爆品热卖主题可依据店铺过往数据挑选畅销产品;新品发布选择近期上架或未上架产品,新老客户都会关注,重点展示新设计、新材料或新技术;促销折扣则选择性价比最高、历史最低价的产品,也可作为引流款。每种产品至少准备两份,并提前测试,避免直播时出现问题。

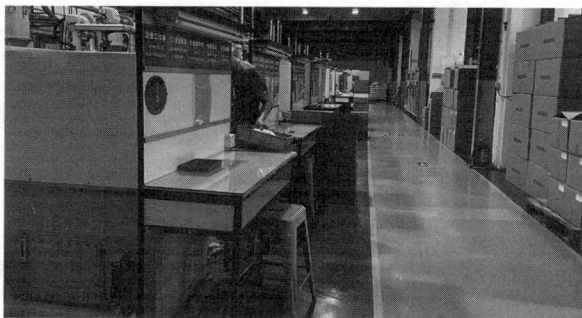

探厂直播间
场地干净整洁

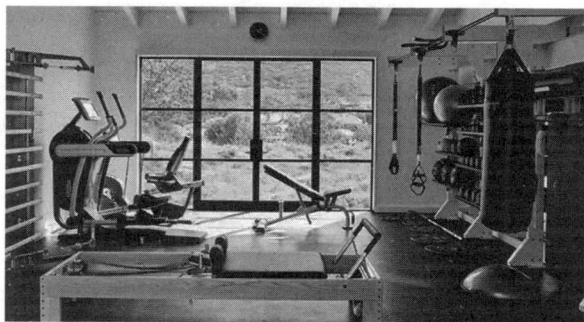

产品直播间
还原使用场景

图 3-35　直播间场景

直播封面和标题要尽可能清晰，直接标明主题，封面上还可展示"利益点""直播时间"等重要信息，但要留有空白，避免内容过满或展示不全，如图 3-36 所示。封面图片要用实拍图，不要使用效果图，将商品融入实际场景效果更佳。

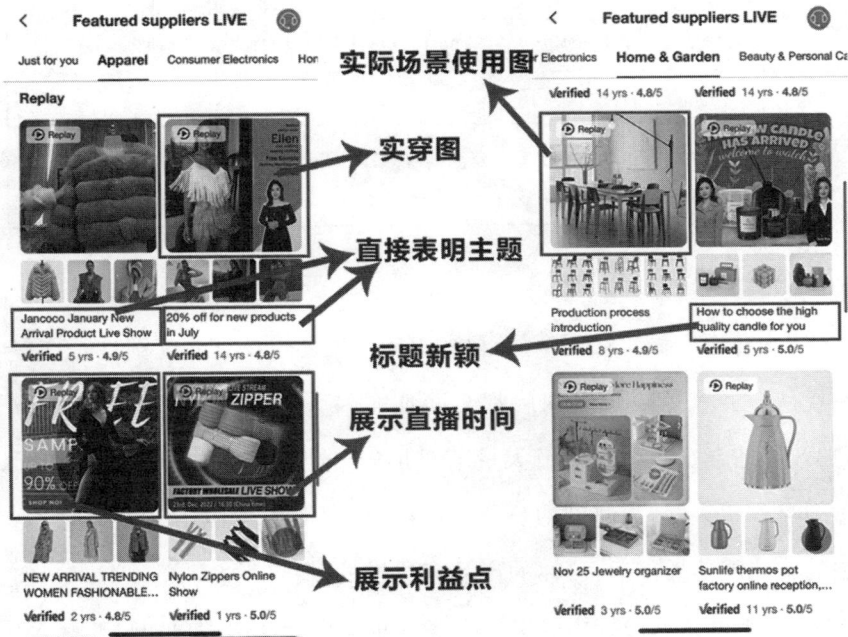

图 3-36　直播封面示例

第四步：搭建直播团队

一般建议搭建 3~5 人的直播团队，成员包括主播、客服、摄像、场控、后勤、助理，每个角色职责见表 3-9。3~5 人是成熟直播团队的标准配置，初期直播时可能人员不足，也可一人兼任多职，一个人也能开启直播，迈出第一步就成功了一半。

表 3-9　直播各成员职责

角色	职责
主播	能够用英语熟练介绍流程和产品,并实时与在线客户进行互动、答疑
客服	能够积极查看客户留言并及时回复评论信息,发送客户所需资料
摄像	负责拍照和录像
场控	全程掌控,按需调度人员,随时关注直播状况,尴尬时能够出来协调
后勤	负责道具的传递和展示
技术	确保主播和产品都处于直播范围内,如果没有尽快调整,随时准备处理技术问题

第五步：直播前引流

"为什么我做了快两个月直播,直播间里还是没有人气?"这是许多跨境从业者直播一段时间后都会面临的困境。回想一下热门综艺节目,开播前会在多渠道进行大量节目预告。连知名综艺节目都懂得通过引流积累人气,为何你的公司不重视呢?"酒香不怕巷子深"是因为酒的香味能传播很远,可你的产品有这样的"香味"能漂洋过海吗? 如果没有,那就认真做好预热引流。一方面告知已合作客户即将开播;另一方面反复造势,让更多未合作客户看到直播预告并进入直播间。为放大直播效果,需在国际站内和站外同时引流,可参考表 3-10 制订引流计划。

表 3-10　引流计划表

渠道	物料准备	负责人	预计完成时间	实际完成时间
店铺	直播预告海报 倒计时海报 预告短视频			

续上表

渠道	物料准备	负责人	预计完成时间	实际完成时间
旺旺	一对一邀约用语			
RFQ 客户	直播预告文案 直播预告海报			
询盘客户	一对一邀约用语 直播预告海报			
直通车推广	推广文案 推广产品 推广海报			
社交平台	引流文案 引流短视频			
即时通信软件	一对一邀约沟通技巧			
邮件	邀约邮件			

这里展示一个引流邮件的案例:具有吸引力的图片、增加紧迫感的倒计时提醒、直播主题、直播时间,最后是呼吁行动,如图 3-37 所示。这些元素不仅适用于邮件,还可用于邀约沟通技巧、视频文案、预告海报等物料。

第六步:直播前试播

正式开播前至少试播一次,目的是测试所有硬件、软件设备是否正常运行,同时测试直播角度,确保主播和产品位于屏幕中央。

很多业务员因英语口语不佳、"中式英语"明显,在直播中表现不够自信大方。因此,直播前主播的心理建设同样重要,真诚是最通用的语言。观看直播的客户来自世界各地,他们的英语水平可能没有你想象的高。整个过程最重要的是清晰陈述产品知识点和卖点,让客户听懂。

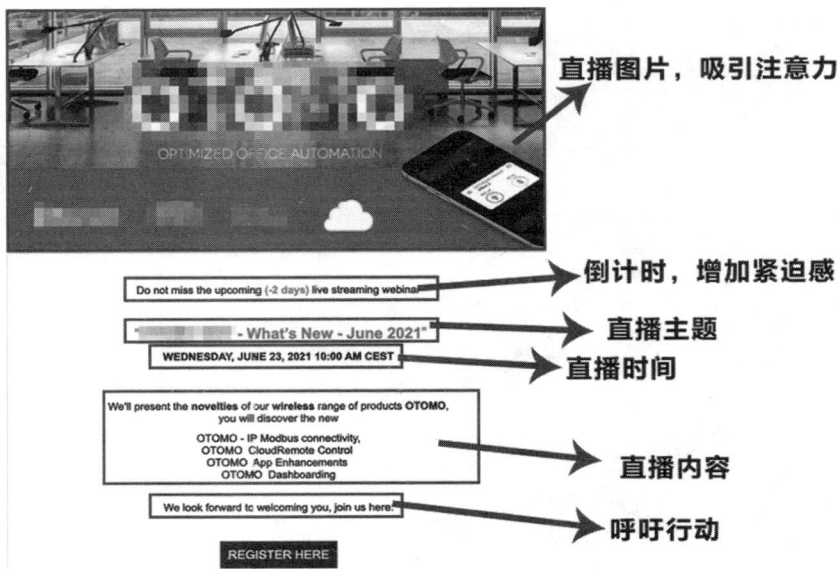

图 3-37　引流物料示例

直播结束后,做好复盘工作,记录并对比所有数据,总结可改进之处,在下一次直播中实施。直播复盘表格见表 3-11,可根据产品特性进行增删。

表 3-11　直播复盘参考表

类别	项目	记录内容
客观数据	在线观看人数变化	
	粉丝数增长情况	
	访客数量增长情况	
	询盘量增长情况	
主观感受	直播过程中做得好的地方	
	直播过程中做得不好的地方	
	难以回答的问题	
	商品上架是否如期进行	
	下一次直播可以改正的地方	

可以参考图 3-38 所示的行动清单，进行直播准备。

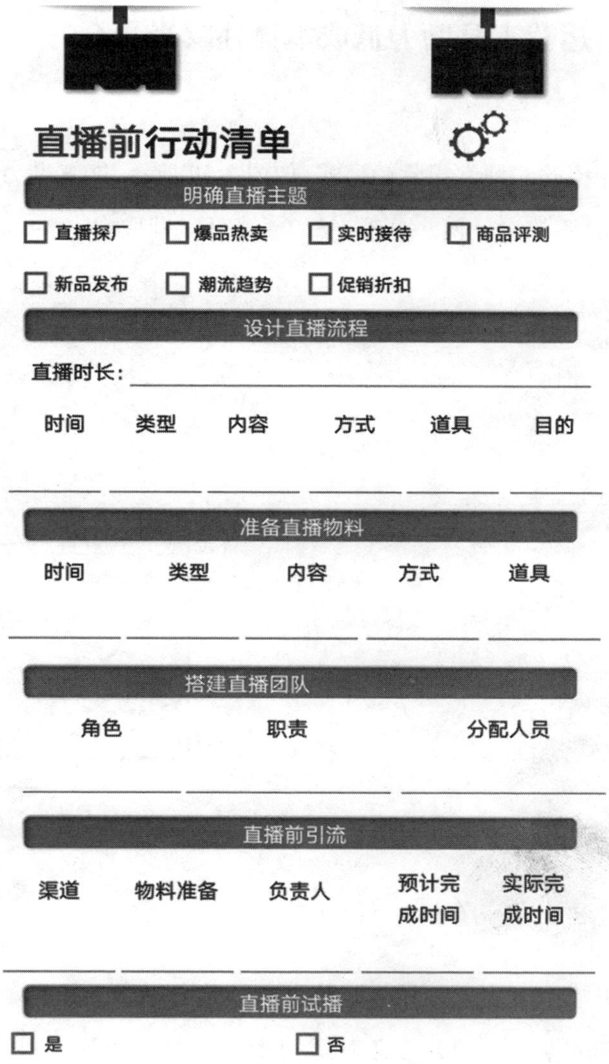

直播前行动清单

明确直播主题

☐ 直播探厂　　☐ 爆品热卖　　☐ 实时接待　　☐ 商品评测

☐ 新品发布　　☐ 潮流趋势　　☐ 促销折扣

设计直播流程

直播时长： _____

时间	类型	内容	方式	道具	目的

准备直播物料

时间	类型	内容	方式	道具

搭建直播团队

角色	职责	分配人员

直播前引流

渠道	物料准备	负责人	预计完成时间	实际完成时间

直播前试播

☐ 是　　　　　　☐ 否

图 3-38　直播前行动清单

工具:运营工具助力低成本抓住曝光机会

这里介绍的三种常规营销模式,如图 3-39 所示,能够助力制定合理的出价策略,不错过任何一分曝光机会,降低运营成本。

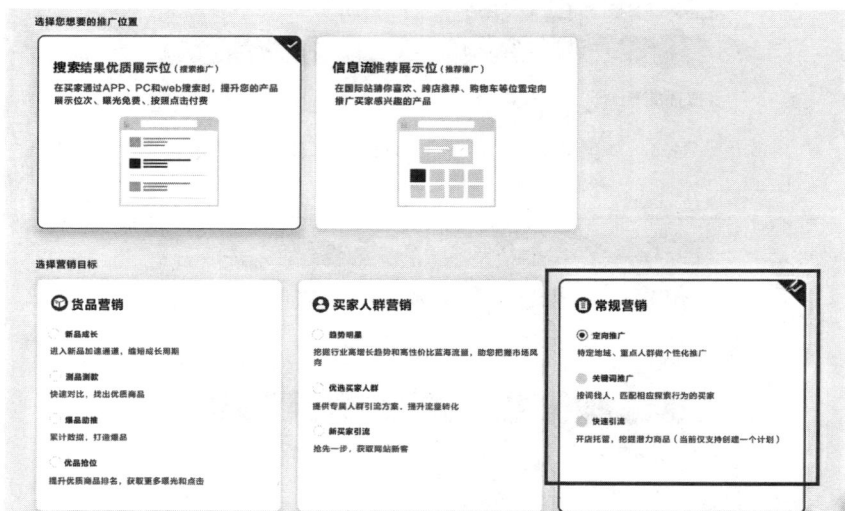

图 3-39　三种常规营销模式

一、快速引流

快速引流方法的主要目标是快速补充店铺流量,为后续运营积累良好的基础数据。这种方法尤其适用于以下两种场景:一是新手商家刚刚开店,对直通车运营不太熟悉,但又渴望快速提升店铺流量;二是在大促期间,急需快速补充流量。

(1)如何开启快速引流呢? 点击"快速引流"进入引流推广界面,

填写计划名称，设置预算和出价。每日预算建议不低于 50 元，并打开"周预算"功能。倘若你是新手，不清楚如何出价，可以选择自动推广方式"行业智能出价"；等积累了一定经验后，便可选择"手动出价"，手动屏蔽一些不受市场欢迎的商品，最多可设置 100 个商品，如图 3-40 所示。

（2）点击提交后，会出现"人群标签"和"地域标签"两个选项。这两个选项能助力在重点推广的人群或地域设置溢价，提高在该范围内的竞争力。需要注意的是，若同时选择了人群和地域溢价功能，系统最终会选取溢价较高的那个值作为溢价系数。例如，己方的底价是 4 元，在"地域标签"里选择了 200% 的溢价，而在"人群标签"里选择了 300% 的溢价。当己方的溢价命中地域标签时，实际出价就是底价乘以系数 200%，即 4×200% = 8 元；若溢价同时命中人群和地域两个标签，就会选择较高的系数 300%，即 4×300% = 12 元。

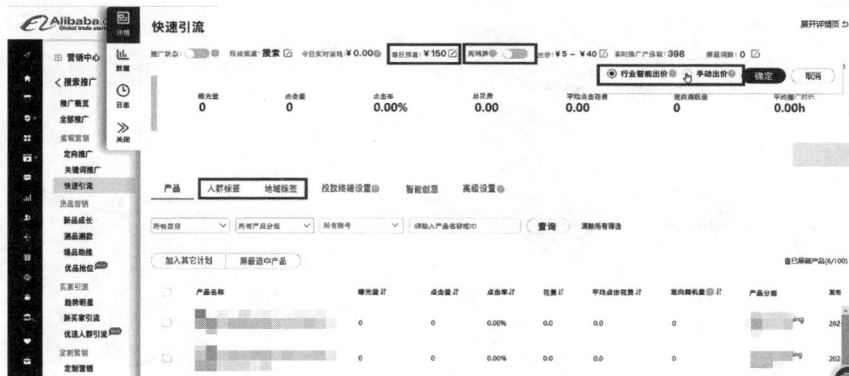

图 3-40　快速引流页面

二、定向推广

定向推广是指将 A 产品定点推送给 B 国 C 类人群的一种直通车推

广方式,其最终目的是提高询盘转化率,适合那些有特定人群或地区推广需求的商品。比如,大码女装主要面向美国市场,就适合采用定向推广。定向推广可以自主选择产品,支持自动或手动出价,系统会根据你设置的关键词智能匹配流量。与引流推广不同,定向推广可以设置多个计划。

在操作界面上,将"每日预算"设置为不低于 50 元,并打开"周预算"。如果公司有每日总推广预算,可将定向推广的预算占比设定为40%,剩余的预算分配到其他推广渠道。出价方式建议选择"手动出价",推广的产品数量控制在 10 款左右,采用低出价策略,然后针对特定人群、特定区域设定相对较高的溢价,如图 3-41 所示。可以依据过往历史数据,挑选询盘、订单较多的高转化产品,也可以选择近期发布、需要测款测评的新发商品,以找出高潜力产品。

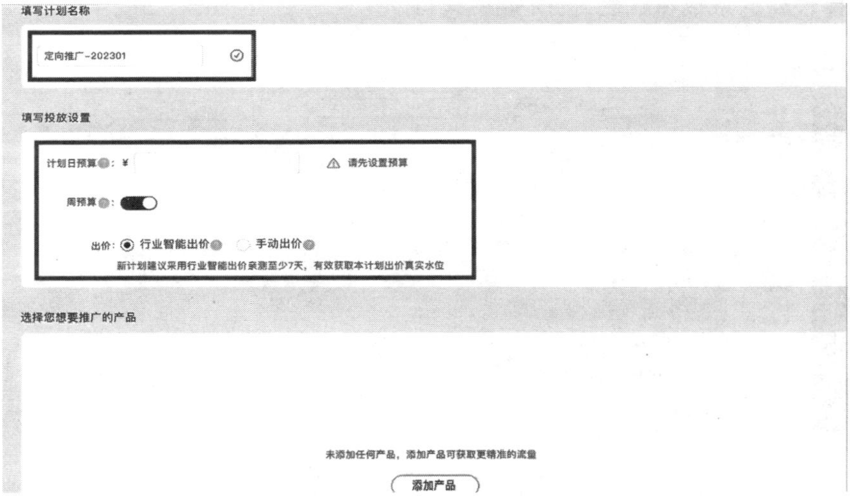

图 3-41　定向推广页面一

在新建定向推广计划时,拉到页面下方,会看到一个勾选项"选择多渠道投放",如图 3-42 所示。若预算充足,建议勾选此项。"多渠道投放"意味着在客户访问国际站的整个过程中都进行投放，全方位覆盖客户找货的各个环节，而且投放成本更低。只需创建一个计划，算法会根据商品实现动态渠道调配。勾选"推荐"后，在下方填写计划名称时，格式可参考：定向推广—产品—日期。因为可能要创建多个计划，这样在后期查看时，就能清楚地知道这个定向推广计划推广的是什么产品、在什么时间推广的。填好名字后，在"添加产品"处添加要推广的产品。

图 3-42　定向推广页面二

填写好计划后出现相应界面，点击"添加产品"添加需要推广的产品，接着在"添加关键词"处添加自选的精准关键词，推荐使用建议出价。"计划日预算"不要低于 50 元，并且打开"周预算"按键，如图 3-43 所示。这是由于国际站的流量分布不均匀，某些天流量较低，某些天流量较高，打开"周预算"按键可以实现智能动态分配预算。

假设一周内流量较高的那几天你的预算不足,系统会自动增加日预算的20%,即60元,但每周结算金额不变,仍然是350元,这样花同样的钱可以覆盖更多的客户。前期若不知道如何出价,可以点击"行业智能出价";对出价操作比较熟悉后,再选择"手动出价",设置一个较低的价格。设置好后,点击下方的"完成创建"即可,最多可以添加200个产品。

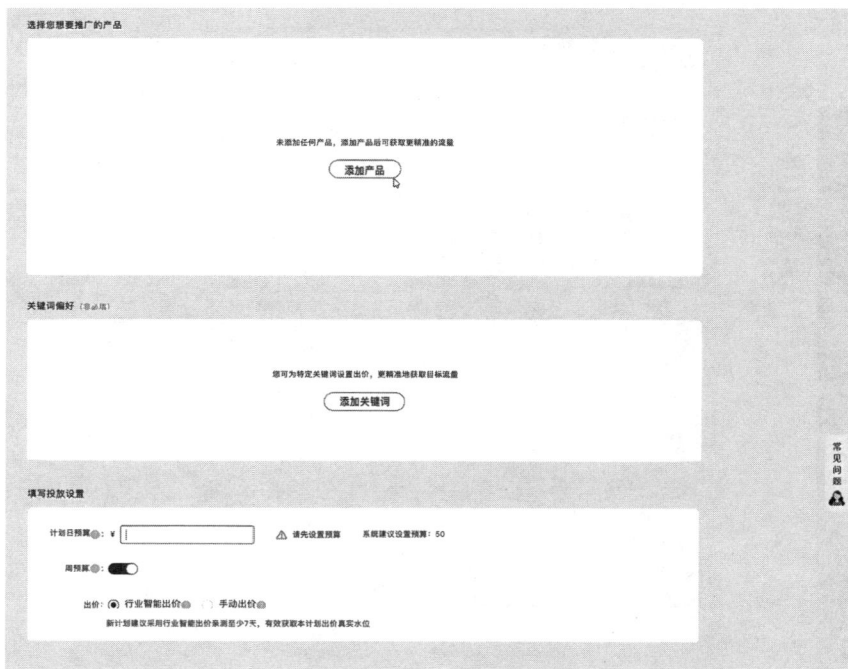

图 3-43　定向推广页面三

针对特定关键词,还可以设置"出价"和"抢位助手"。每个计划只有5个关键词可以参与抢排名,"抢位排名"有两个选项:第1名和前5名,同时还可以设置抢位时间,有1小时和3小时两个选项,如图3-44所示。

点击"人群标签"进入人群溢价设置界面,如图3-45所示。如果是

图 3-44　定向推广页面四

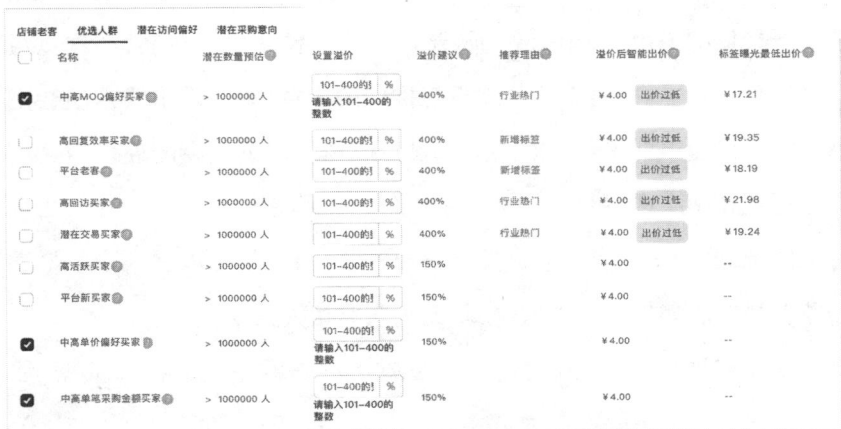

定制商品人群溢价设置

RTS商品人群溢价设置

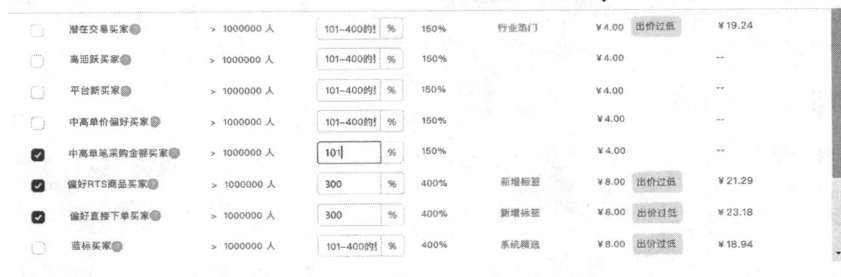

图 3-45　定向推广页面五

做定制产品,可以选择MOQ(最小起订量)或客单价较高的人群进行溢价。如果是RTS(ready to ship,全球批发)商品,可以选择"偏好RTS商品买家""偏好直接下单买家",设置较高的溢价,如300%;非目标人群,如"中高单笔采购金额买家",可以设置低溢价,如101%。如果不设置101%的低溢价,在后续的报告中就无法看到这个数据。

针对地域溢价的设置方式也是类似的,默认是全球推广。如果有目标市场,比如美国,就选择"地域标签"—"北美"—"美国"进行相应的溢价设置,例如设置为400%。设置完目标市场后,其他市场也要设置一个较低的溢价,如101%。如果一开始设置的出价较高,在这里溢价之后价格会更高,对于那些你不想推广的市场,单次点击成本就会更贵。如果设置了低出价,如4元,在目标市场设置了最高的溢价400%,但钱还是花不出去,可以适当调高出价。对那些不想要推广的市场设置低溢价,这样做还有一个目的,就是在后期报告里可以看到这些渠道的花费情况。如果不设置溢价,就无法获取相关数据。

新建完计划后,点击"数据"栏目就可以查看相关的推广数据,如"产品报告""词报告"等,如图3-46所示。这里的"词报告"包含"关键词报告"和"搜索词报告"两种。"关键词报告"展示的是加入的自选词,"搜索词报告"则是系统推荐的词。在这些报告中,可能会看到一些不精准的关键词,在后续运营过程中,点击"屏蔽词数"将这些不精准的关键词整理出来并进行屏蔽。"定向报告"可以跟踪"人群定向报告"和"地域定向报告"。所以在设置人群溢价和地域溢价的时候,需要对非目标人群和非目标地域设置101%的溢价,否则这里就没有数据。下方的"日志"主要用于查看在这个过程中你的各项操作记录。

图 3-46 定向推广页面六

三、关键词推广

关键词推广同样可以设置多个计划,每个计划里的产品应为一类产品。假如你是生产鼠标的,计划之一是推广蓝牙鼠标,那么切勿在一个计划里既包含蓝牙鼠标又包含无线鼠标,因为这两种产品的目标人群和关键词是不同的。在计划上线前,要明确需要投放的国家,对重点国家设置高溢价。计划完成后,主要考核曝光量、点击量、点击率、询盘量等数据,关键词推广的流程如图 3-47 所示。

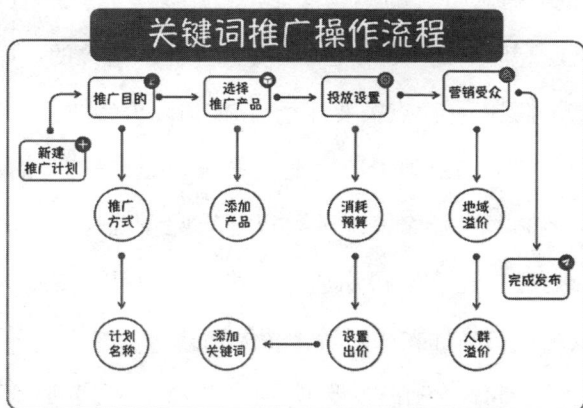

图 3-47 关键词推广操作流程

在关键词推广界面里点击"新建推广计划",设置好"推广目的""推广方式""计划名称"后,选择需要推广的产品,一个计划最多可以添加200个产品。最后进行"投放设置",可以设置预算,添加相应关键词。关键词既可以使用系统推荐的,也可以引用自己整理的关键词词库,最多一次可添加200个。

出价方式有三种:使用建议出价、按同行平均价和按市场底价。一开始设置出价方式时不必过于纠结,因为后期还可以在关键词管理界面里进行修改。最后一步,设置"地域溢价"和"人群溢价",全部设置好之后就可以点击发布了。使用关键词推广的核心在于词的精准度,如何找到优质且精准的关键词已在前面重点讲解过。

优先选择询盘多的产品进行推广。如果你是新店,暂时没有什么询盘或询盘量较少,那可以选择接近80分的潜力品。如果还有多余的预算,可以增加公司利润较高的主推产品。不过,有些时候利润产品的需求量可能并不是特别大,如果一开始就推广这类产品,由于需求量少,数据可能不会太理想,很难为店铺带来流量。因此,前期需要通过一些利润较低但需求量大的市场产品进行引流,将行业精准买家吸引过来后,再推广利润高的产品。总之,要选择需求量大的产品用于推广引流。在设置过程中有两点需要注意,具体情况可参考图3-48。

不建议开启"商品自动更新":避免系统根据你的产品自动增加产品,导致难以控制。在什么情况下可以开启呢?就是当你不确定要推广什么产品时,可以让系统帮你选择一些优质商品。更新规则可以选择新品优先、高点击品优先或高转化品优先。

添加完关键词后,会有一个选项"拓展匹配":当遇到钱花不出去的情况时,可以开启此选项以拓展更多的关键词;如果钱能够正常花出

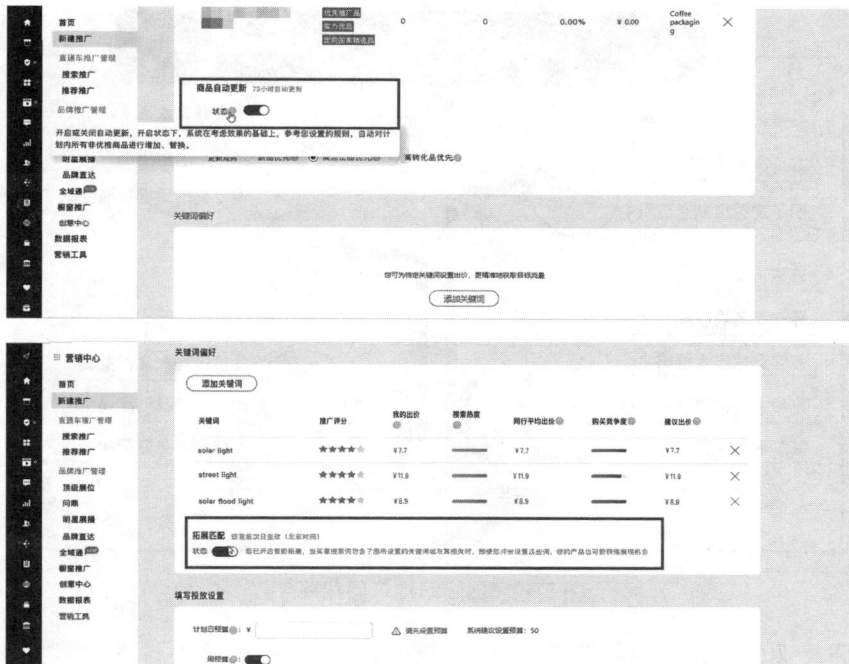

图 3-48　设置过程中需要注意的两点

去，就不建议开启。

不管是快速引流、定向推广还是关键词推广，具体操作方法可按照国际站后台提供的步骤进行。但为什么有些人使用后效果显著，有些人却觉得没有效果呢？并非按照国际站后台要求把商品上架、设置好价格就可以坐等询盘了，这仅仅是国际站运营的第一步，更重要的是后期优化。当数据不理想时，应该如何优化呢？图 3-49 展示了针对不同问题的优化设置方法。

第一种情况，钱花不出去

钱花不出去意味着没有曝光，导致这个问题的原因可能是产品本身是冷门产品，需求量较低。所以首先要查看关键词覆盖是否全面，先

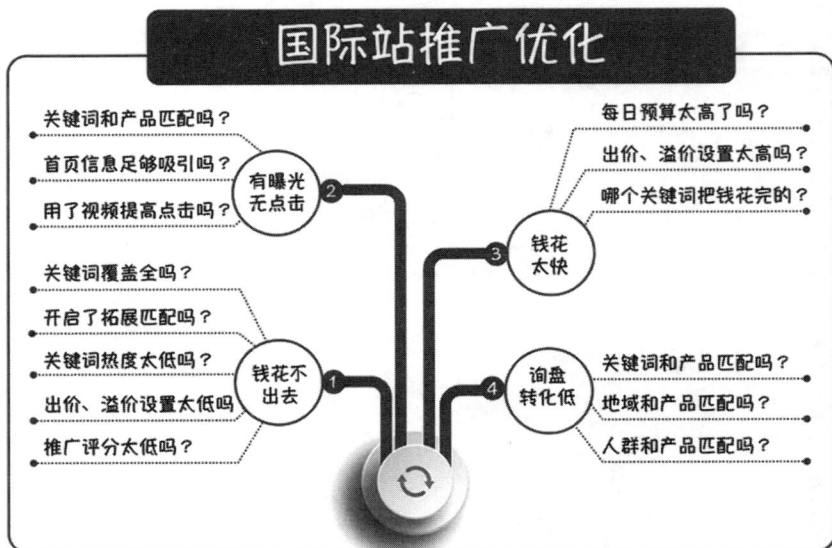

图 3-49　国际站推广优化要点

将行业的关键词全部覆盖,再开启拓展匹配,同时关注关键词的数据,看其热度是否太低。如果热度低,就需要增加一些高热度且相关的关键词。接下来,检查出价是否过低,如果是,就需要提高出价。最后查看推广评分是否过低,如果是,那就回看前面的内容,按照里面的操作方法先提高推广评分。

第二种情况,有曝光但缺少点击

曝光度不错,但钱还是花不出去,原因在于没有点击。在这种情况下,要查看曝光的词与产品是否匹配。例如,客户搜索的是无线鼠标,但展示的却是你的有线鼠标,客户肯定不会点击你的产品链接。此时需要进行关键词优化,同时查看产品展示的首页信息,包括主图、产品描述、价格等是否具有吸引力。接着,可以查看所推产品的性能是否符合客户需求。比如,现在市场需求的都是大屏智能手机,而己方的产品依旧是老款的小屏智能手机。最后，可以将主图的图片改成视频，通过视频营销提升点击率。

第三种情况，钱花得太快

可能是每天的预算过高，还要检查出价是否过高，一定要与同行进行对比。如果都过高，那就调低一点，即使预算充足，也可以将多余的预算分配到其他推广产品上。同时，需要检测是哪个关键词把钱花光了。如果一天内同一个词被多次点击，那就要检查是否存在恶意点击，或者这个词的转化率是否过低，可以先暂停这个词的投放。

第四种情况，询盘转化低

曝光度不错且有点击，但没有询盘。首先还是要检查关键词和产品的匹配度，如果不匹配，那就把这个关键词设置到匹配的产品上，或者关闭这个词的投放，否则会影响整个询盘的转化数据。如果匹配，那就查看客户的停留时间。如果停留时间短，有可能是起订量太高或价格太高，客户觉得不合适就离开了。如果停留时间长，说明客户查看了主图、视频、价格、起订量都没有问题，那就可能是详情页需要优化了。最后关注流量来源地域和人群是否精准，因为即使关键词和产品都没问题，但进来的人不匹配，也很难实现转化。

优化是一个动态的过程，会根据产品、推广时间、运营规则等因素动态变化。但万变不离其宗，当需要优化某个产品时，可以先查看同行的相关数值，再与自己的数据进行对比，找到问题的根源才能制定出有效的优化方向。

第四章

04

社交平台：两个平台，让客户主动找你

本章将通过运营两个社交平台，让潜在客户主动找上门：

- 如何利用社交媒体平台，推动采购决策？

- 如何在全球专业人士平台找到采购决策者？

- 如何互联网时代的年轻人的聚集地，抢占垂直行业客户？

- 如何借助平台工具，与网红合作扩大影响力？

- 如何让广告分析工具助力做出最优决策？

第一节　LinkedIn:全球专业人士平台,
决策者的汇聚地

LinkedIn,中文名为领英,是适合跨境 B2B 业务的社交平台。在这里,决策者与专业买家能够和国际同行建立联系、开展新员工招聘以及探寻新的发展契机。数据显示,约 40% 的 B2B 营销人员认为该平台是他们拓展 B2B 潜在客户最有效的渠道;75% 的 B2B 营销人员在 LinkedIn 上投放广告,75% 的营销人员借助付费 LinkedIn 广告触达最终决策者,近 80% 的人表示这些广告成效显著。通过 LinkedIn 广告,企业购买意向得以提升。许多买家在 LinkedIn 上看到企业广告后,会出于购买产品的目的对该公司展开调研。在 LinkedIn 上浏览到企业内容的用户,购买该品牌产品的可能性会增加数倍。

一、社交平台四原则在 LinkedIn 的运用

社交平台四原则也适用于 LinkedIn 平台。

1. 用户基数足够大

其会员数已超 8.5 亿,覆盖 200 多个国家和地区,超 5 800 万家公司在平台上入驻,其中 6 500 万用户是业务决策者。

2. 用户留存足够久

每日约有 1.345 亿活跃用户，月活跃用户占比超 48%。越来越多的专业人士通过 LinkedIn 与同行交流互动。活跃的 LinkedIn 页面能获得 5 倍的页面浏览量，每个关注者平均会产生 11 次点击。

3. 分享功能足够强

用户可对任意活动帖子进行互动，如评论自己是否参与、点赞他人评论或邀请好友加入等。此外，LinkedIn 简化了用户转发流程，提供"直接转发、无须发表评论"选项，这一功能有助于内容更广泛、更快速地传播与互动。

4. 定位功能足够准

LinkedIn 用户中约 42.8% 为女性，"千禧一代"占其用户的 60%。此外，约 20% 的用户年龄在 18 岁至 24 岁，约 18% 的用户年龄在 35 岁至 54 岁，约 2% 的用户年龄在 55 岁以上。

LinkedIn 平台的社交原则基于哈佛大学心理学教授斯坦利·米尔格拉姆所做的"六度分隔理论"实验——平均只需五个中间人，就能联系上任何两个互不相识的人。与其他社交平台不同，LinkedIn 用户旁会显示"度数"：一度、两度和三度以上。一度指的是已互相关注的人；二度指通过一度关注者的引荐就能联系到的人；三度以上则需通过两次以上的引荐才能联系到。

二、完成基础设置

注册好账号后，下一步便是进行基础设置，涵盖背景图、头像、昵称、描述等。背景图是客户访问你的 LinkedIn 账号时的第一印象，通过它可了解专业与背景，同时能提升页面的丰富度。尽管 LinkedIn 自带背景模板,但大多无法彰显你的专业程度。建议自行设计能展示个性、兴趣、工作内容或团队规模的图片,也可展示公司或产品信息。

1. 头像和昵称

头像和昵称设置相对简便,基本以职业照作为头像,真实姓名作为昵称。有些人会用公司名字作为昵称,这并不推荐,因为 LinkedIn 主要展示个人信息,而非公司信息。

2. 描述

点击"描述设置"进入设置界面,在此可展示你的产品或服务、目前任职的企业、毕业学校、联系方式,如邮箱地址、其他社交平台账号等。可设置这些联系方式仅展示给一度用户,也可对所有人展示。填写 LinkedIn 描述时,务必如实填写。

LinkedIn 是专注于职场人才的职业社交平台,主要通过 experience (工作经历)、about(关于你)、projects(项目经历)、skills(技能)等板块来展示用户在某个领域的专业程度。

(1)"工作经历":工作岗位、联系方式、工作职责、工作业绩等信息需如实填写。工作职责和工作业绩是展示专业度的关键,可通过添加项目符号,如-或·来优化排版,使其更美观整洁。内容参考格式:先写工作岗位,如 worked as sales manager at ×××company(在×××公司担任营销经理一职);再写工作职责,如 responsible for ×××(负责×××内容);最后写工作业绩,例如 sales performance rose from ××××to ××××(销售成绩为从×××美元上升到×××美元)、developed 10 customers in 1 month(一个月内开发了 10 个客户)、attended 10 exhibitions for 1 year(一年参加了 10 个展会)。这样的格式清晰、易懂且内容全面。除上述信息外,还可上传图片、PDF 文件、视频等多媒体信息。

（2）"关于你"：写法可参考"工作经历"，同样可包含工作岗位、工作职责和工作业绩三段内容。"工作经历"针对每段职场经历，各部分内容会有所不同；"关于你"则是对过往经历的整体总结，可汇总最希望他人关注的内容。

（3）"项目"：可作为职场经验的附属加分内容，从另一个角度提供用户证言。撰写时，主要描述清楚项目的时间、地点、人物和结果这四项内容。最后还可添加一些多媒体内容，如图片、PDF 文件或者引流到独立站的落地页。在"项目"撰写界面有一个 creator（创作者）选项，可添加一起参与项目的人，介绍项目内容和成绩，从侧面展示个人能力。

（4）"技能"：若个人页面上没有"技能"板块，可在 add profile section（添加简历版块）中添加。"技能"板块既能展示专业度，也是很好的破冰点。跟进客户时若不知如何开启话题，可访问 LinkedIn 上对方的主页，查看其具备的技能，选择自己熟悉的技能作为话题展开交流。

还可在 add profile section 查看哪些板块尚未添加。若有其他平台的账号链接，也可添加进来，这正是平台的优势所在，它并不禁止用户互相引流。若有能展示成绩的 PDF 文档或图片，也可添加进来丰富个人页面内容。

三、添加关注者

完成基础设置后，紧接着便是添加关注者，毕竟在商业运营中，流量往往是销量的重要基础。

分享四种行之有效的添加关注者方法。

1. 邮箱地址搜索法

LinkedIn 具备自动检查邮件好友是否注册过该平台的功能。这提供了一个绝佳的契机，将多年积累的、有价值的客户邮箱导入平台，从而融入平台网络，实现客户的辐射式拓展。与此同时，LinkedIn 会基于好友关系，推荐与之相关联的新朋友。

2. 关键词搜索法

在 LinkedIn 的搜索框中，直接输入客户姓名、公司名称等关键词，随即会呈现出大量的账号信息。可以运用过滤器筛选出 2 度联系人，因为只有 2 度联系人能够直接添加。对于新注册的账号而言，添加那些关注者众多的账号是个不错的选择，这些账号有助于快速扩大社交圈子。通常情况下，联系人越多，对方通过好友申请的概率就越高。在添加之前，务必前往对方的个人页面确认其与己方的业务是否匹配。除了搜索客户姓名，输入公司名称同样可行，在公司页面的 people（员工）板块，能够获取在职职员的详细信息。

3. 系统推荐好友法

LinkedIn 会依据个人资料以及已添加好友的特征，推荐具有同行背景、曾在同一家公司任职或者同校的会员。可以从 my network（我的网络）中的 people you may know（你可能认识的人）推荐列表里，点击进入个人主页进行查看筛选。借助系统推荐好友法，能够源源不断地获取潜在客户信息，但这需要完善个人资料，并且确保所添加好友的精准度。倘若添加的好友大多处于同行业上下游关系，那么系统推荐的好友大概率也在这个范畴内，所以添加好友时需谨慎筛选。

这里有个快速确认好友精准度的小技巧：当你发现一个潜在客户的个人主页信息丰富，阅读完至少需要 5 分钟时，可使用［Ctrl＋F］组合键快速判定客户是否精准。具体操作是，按住[ctrl+F]组合键，在弹出的搜索框中输入产品关键词，比如 interior design（室内设计），若该会员的个人简介里包含 46 个 interior design 关键词，那就表明此会员与业务相关性极强；反之，若不包含关键词，可暂时不添加该账号。

4. 群组会员添加法

加入相关行业群组 groups 后，能够查看群组内其他组员的信息。通过仔细查看组员的个人信息，筛选出匹配的对象进行添加。通过群组添加联系人还有独特优势，即可以向 3 度以上联系人发送信息，而在一般情况下，是无法直接触达 3 度以上联系人的。

通过以上四种方法，能够获取海量的联系人信息。不过，接下来发送邀请这一步至关重要，只有对方同意邀请，才算添加成功，所以邀请用词务必斟酌，以提高通过率。

四、邀请用词模板

本书分享在不同场景下的邀请用词模板供参考：

1. 常规添加模板

Hi{CUSTOMER_NAME}，

I am {YOUR_NAME}, a supplier of {PRODUCT/SERVICE} based in China. We are looking into {COUNTRY_NAME} market. I came across your profile and found it intriguing. So I want to connect with you. Hope our connection can make some value in the future.

Best regards，

{YOUR_NAME}

2. 添加看过你资料的客户模板

Hi{CUSTOMER_NAME}，

I noticed that you recently viewed my profile, and it seems that we share a common interest in the {INDUSTRY_NAME} industry. Let's see if we can find something in common for business.

Best regards,

{YOUR_NAME}

3. 回复群组帖子或点赞你文章的人模板

Hi {CUSTOMER_NAME},

I appreciate your comment on my post in the {GROUP_NAME} Group. Your insights were truly valuable and I found them to be extremely helpful. I would like to extend an invitation to connect with you on LinkedIn, as I believe our connection can lead to mutual benefits and opportunities.

Best regards,

{YOUR_NAME}

4. 随机添加模板

Hi {CUSTOMER_NAME},

Came across your profile which is very attractive, so I am keen to connect with you. My company is specializing in {PROUDCTS/SERVICE}, which has shown great promise in the {COUNTRY_NAME} market. Hope you can accept my invitation.

{YOUR_NAME}

模板只是用来启发思路,并不是唯一方法,需要根据行业、产品和服务的特性进行二次创作,同时还要注意不能超过 100 个字符(含空格和标点符号)只有自己写出来的话才能打动客户内心,真诚是最好的邀请。

任何一个社交平台都离不开持续的高质量的内容输出。LinkedIn 是一个专业人士的交流平台,可以制定解题类内容为主、其他类内容为辅的运营策略。可以借助图 4-1 所示的行动清单,在 LinkedIn 大展"拳脚"。

LinkedIn运营行动清单

1 背景图

2 头像

3 昵称

4 描述

5 背景图

6 工作经历

7 关于你

8 项目经历

9 技能

发布内容	类型	发布时间	点赞数	评论数	转发数

内容类型查找清单

☐ 解题类内容 ☐ 三观类内容

☐ 分享类内容 ☐ 营销类内容

图 4-1 LinkedIn 运营行动清单

第二节　聚焦 TikTok：精准抢占垂直行业客户

如果你问我未来跨境电商的流量洼地在哪里，那 TikTok 必然是其中之一。TikTok 是字节跳动公司推出的海外版抖音，在全球社交应用程序中排名前五。相关数据显示，TikTok 已成功覆盖 150 多个国家，月活跃用户人数超 10 亿。越来越多的 B2B 出海企业意识到，TikTok 不仅适用于面向年轻群体的 B2C 业务，对于拥有实体工厂的 B2B 业务同样极具潜力。在 TikTok 上，#factory 这个话题标签的参与度高达 93 亿，涉及的行业包括灯饰、服装、卫浴、五金、玩具等。随意打开一个相关视频，在评论区都能找到关于购买方式的讨论，这使其成为跨境贸易从业者与客户沟通最便捷的渠道之一。若想运营好 TikTok，可分为以下五步：

第一步：账号设置

TikTok 是一个以娱乐属性为主的社交平台，因此头像可选用产品图片，让用户能直观了解账号内容与何种产品相关。昵称最好包含品牌名或产品名，便于用户搜索。在账号描述中，应直接展示业务内容。最后，附上独立站链接、邮件链接或 WhatsApp 链接，将公域流量引入私域。

第二步：研究同行爆款视频

个人认为好的视频，不一定符合大众的喜好。而爆款视频是经过大众检验的，研究同行的爆款账号和优质视频，能快速帮助找到爆款视频的关键元素。那么，如何快速找到优质视频呢？可以从以下几个维度入手：

1. 关键词搜索同行

使用"产品+factory"这样的关键词格式搜索同行。假设你的公司生产玩具，在 TikTok 搜索框输入 toy factory（玩具工厂），搜索结果靠前的基本都是优质账号和视频。比如，有两个生产飞行娃娃的视频，背景均为生产车间，仅视频中的人物和手中的飞行娃娃不同，却都获得了几十万的点赞。找到这些同行和爆款作品后，关注其账号并点赞作品，至少关注 10 个优秀同行账号，点赞 20 个优秀同行作品，这样后续 TikTok 会为账号推荐更精准的视频。

2. 收集同行信息

将通过上述方式找到的同行信息整理到表格中进行分析，具体可参照表 4-1。在为自己的账号取名时，可参考同行账号名称。粉丝数量能了解同领域账号的头部水平，直观看到账号发展的上限。点赞数与用户数的比例可用于判断账号的用户黏性。通过分析账号描述，能了解其引流至私域实现后续成交的方法。分析账号优点，可找出吸引关注的原因，从而获得可借鉴之处；分析账号有待提升的地方，则能帮助找到突破点。同时，持续关注账号是否有新颖的运营策略，如文案中@了哪些账号、引发了什么话题、封面图如何设计、视频中怎样设置引导关注等。

表 4-1 同行信息列表

账号		1	2	3	4	5	6	7	8	9	10
账号基本信息	TK 昵称	@toyfamilys									
	粉丝数(万)	5									
	总获赞数(万)	35									
	用户黏性(点赞数/用户数)	700.00%									
	账号描述	we are a factory. welcome all cooperation click the link below to tell me. "网站链接": "Email": "Q&A":									
账号运营分析	账号定位	玩具工厂									
	账号优点(你看到的值得借鉴的点)	这个账号的90%的视频是展示玩具的使用场景,10%是工厂车间。即使在工厂,也只是以工厂为背景,主要内容还是玩具的使用,并不是工人如何生产玩具									
	账号缺点(你看到的账号目前的弊端)	视频拍摄还是比较粗糙,有些视频看起来比较模糊,背景是浅色,视频上的文字是黄色,这种观看体验感较差									
	运营玩法(让你眼前一亮的设置)	在视频上会添加文案:Do you want one? Comment me quikly. 通常有这种文案的视频评论会比较多,而且视频最后会引导添加联系方式									

3. 爆款视频分析

整理爆款视频的数据,这能为视频制作提供实用的参考依据。花时间研究爆款视频,远比盲目发布视频更有效,切勿用战术上的勤奋掩盖战略上的懒惰。例如,制作视频时若不确定时长,可分析表格中爆款视频的长度。若多数同行的爆款视频时长在 10～15 秒,那么你的视频也应尽量控制在这个时长范围内。

"标签"一栏有助于分析账号的目标人群,如#child 表明该账号制作的是儿童玩具;#entrepreneurship、#boss、#recruitment 标签则显示其目标人群还包括自有工厂的企业老板。

视频内置文案,如"我花了 3 年时间终于拥有自己的一个工厂""你想知道我成功的秘密吗?"等,能了解如何激发观众情绪,提高互动率和曝光率。

TikTok 里的热门音乐自带流量,若没有合适的音乐素材,建议选用热门音乐,可通过分析爆款视频收集热门音乐列表见表 4-2。

表 4-2　爆款视频分析列表

视频	1	2	3	4	5	6	7	8
描述	无							
点赞(K)	257.7							
评论(K)	2 488							
收藏(K)	4 604							
转发(K)	2 084							
时长(s)	11							
标签	#toyfactory #foryou #factorywork #factoryjob #toys #child							

续上表

视频	1	2	3	4	5	6	7	8
标签	#factory #entrepreneurship #boss #recruitment							
音乐	自制音乐： toyfamilys							
视频内置文案	It took me 3 years to finally have my first factory. Want to know the secrete of my success							

第三步：制作视频

本书分享六类 TikTok 常用视频类型，可以以此为基础，分析并创作出更具特色的视频内容。

1. 生产环境类视频

对于跨境 B2B 企业而言，公司环境与工厂生产线是显著优势。国外客户往往更倾向于直接与工厂合作。对于工厂来说，这类素材丰富，每日可从不同角度拍摄，既能彰显企业实力，又能赢得客户信任，吸引优质询盘。

2. 商品展示类视频

此类视频能直观地向用户展示产品的外形、特色、性能及使用方式。拍摄时，最好将产品置于实际使用场景中。若产品如服装般具有多种风格，可针对不同市场，邀请不同风格的外籍模特进行拍摄，也可发布测评视频，如手机壳高空坠落测试等，这些视频能有效吸引用户沉浸到使用场景中。

3. 品牌故事类视频

优秀的营销离不开向用户讲述故事。无论是跨境 B2C 还是 B2B 业务,都可发布品牌故事相关视频,如企业发展历程、创业者故事、员工故事等,这有助于展现公司的人文关怀,丰富品牌内涵。

4. 答疑解惑类视频

在日常与客户的交流中,会遇到各种各样的疑问。将这些问题整理出来,录制成视频发布在 TikTok 上,关注这些问题的用户很可能就是潜在客户。例如,TikTok 上有视频解答了"中国玩具工厂如何检测质量"的疑问。

5. 优惠活动类视频

优惠促销活动向来备受买家青睐,因此可定期发布此类视频,吸引更多潜在客户咨询。

6. 客户反馈类视频

常言道:金杯银杯不如客户的口碑。已成交客户的使用效果和评价反馈,能够有效吸引更多关注。

第四步:撰写文案

社交媒体传播的关键在于唤起用户情绪,引发共鸣。例如,有个账号仅有 6 个视频,却在一夜之间涨粉 1 万多,总粉丝量达 6 万。该账号每个视频内容都很简单,主角是一只小狗,但每条视频文案都极具感染力。除文字外,还运用表情符号和指向标识,引导粉丝进行点赞、评论、收藏和转发等操作。比如文案"would you hate me because I'm big?"(你会因为我体型很大而讨厌我吗?)旁边配上 no(不)的文字以及手指向右指的图标;"how did you look when you saw me?"(当你看见我的时候,我是什么样子的?)则由 4 个表情符号和 4 个互动动作相关的文字组成。

为使文案更具感染力,下面分享六种常用文案类型:

1. 互动类

运用疑问句、反问句等开放式问题,引导观众互动留言。比如在商品展示类视频中使用"你能打多少分""你觉得这个怎么样""有你喜欢的吗";品牌故事类视频可用"你还想知道什么,评论留言给我""你们说这个时候我能怎么办呢"等,此类问题形式多样。

2. 故事类

选取富有场景感的故事或段子。例如"她今天 70 岁了,她儿子在家里不理解她,工厂里没人愿意和她说话,老板让她坐下,但她拒绝了",短短数语,便勾勒出极具画面感的场景,使用户有身临其境之感,容易引发共鸣。需要注意的是,单纯叙述故事较为单调,可融入喜爱、憎恨、快乐、惊喜等情绪,如"他能在一天内完成三个人的工作"就蕴含了"惊讶"情绪。

3. 悬念类

这类文案能有效延长用户停留时间,可使用"一定要看到最后""最后那个笑死我了""最后一秒颠覆你的三观""最后一套特别适合……"等制造悬念,能使视频完播率提高两倍左右。

4. 共情类

此类型文案特别适用于品牌故事类视频,如"我花了三年时间才有了自己的第一家工厂。想知道我成功的秘诀吗"。每个人都渴望变得更好,若能激发人们积极向上的心态,自然容易获得关注。

5. 惊诧类

故意采用一些看似"危言耸听"的表述吸引观众注意，如"我们每天都在吃的水果，你真的懂吗""每天敷面膜，你不怕吗"等。

6. 吐槽类

利用反转和反差，引发观众评论或吐槽。比如视频主角是一只猫，文案中却用 dog（狗）来描述，极易引发观众在评论区留言吐槽"单词用错了"。

第五步：上传视频

上传视频时，需留意以下四个要点：

1. 选择热门配乐

选用 TikTok 当下热门配乐，既能契合用户当下喜好，又容易吸引流量。

2. 优化标题描述

标题和描述应贴合视频内容，同时兼具个性，字数不宜超过 150 个，且重点内容前置。

3. 添加有效标签

发布视频时务必添加 TikTok 标签，这能使视频迅速推送给标签领域内的用户，获得精准曝光，通常有标签的视频排名会优于无标签视频。

4. 注意文字展示

对于视频上的文字或贴纸，要确保字幕不被遮挡，可将文案置于视频上方。

此外，还可通过以下方式引导用户访问独立站：

（1）标题文案引导：

○ Just get in my profile website.（进入个人主页访问网站。）

○ Check my bio in the profile.（在简介里查看介绍。）

○ How to have this? Check in my bio.（如何获取这个？查看我的个人主页。）

（2）视频内引导：

用箭头引导关注头像，文案参考如下：

○ Order in my bio.（打开我的个人简介。）

○ Click my homepage link.（点击我的主页链接。）

（3）评论区引导：

○ Click my homepage link.（点击我的主页。）

○ Go to my profile and click website to get it.（进入我的主页，点击网站进行购买。）

○ Tap my profile picture to my homepage.（点击我的头像到我的主页。）

○ Click the link on my homepage.（点击我主页上的链接。）

○ Contact me with the link.（通过这个链接联系我。）

综上所述，可以通过图 4-2 所示的清单，开启自己的 TikTok 运营之旅。

TikTok运营行动清单

1	账号设置	
2.1	关键词搜索同行	
2.2	收集同行信息	
2.3	爆款视频分析	
3	制作视频	
4	撰写文案	
5	上传视频	

发布内容	类型	发布时间	点赞数	评论数	转发数

视频类型查找清单

☐ 生产环境类　　☐ 商品展示类　　☐ 品牌故事类

☐ 答疑解惑类　　☐ 优惠活动类　　☐ 客户反馈类

文案类型查找清单

☐ 互动类　　☐ 故事类　　☐ 悬念类

☐ 共情类　　☐ 恐吓类　　☐ 吐槽类

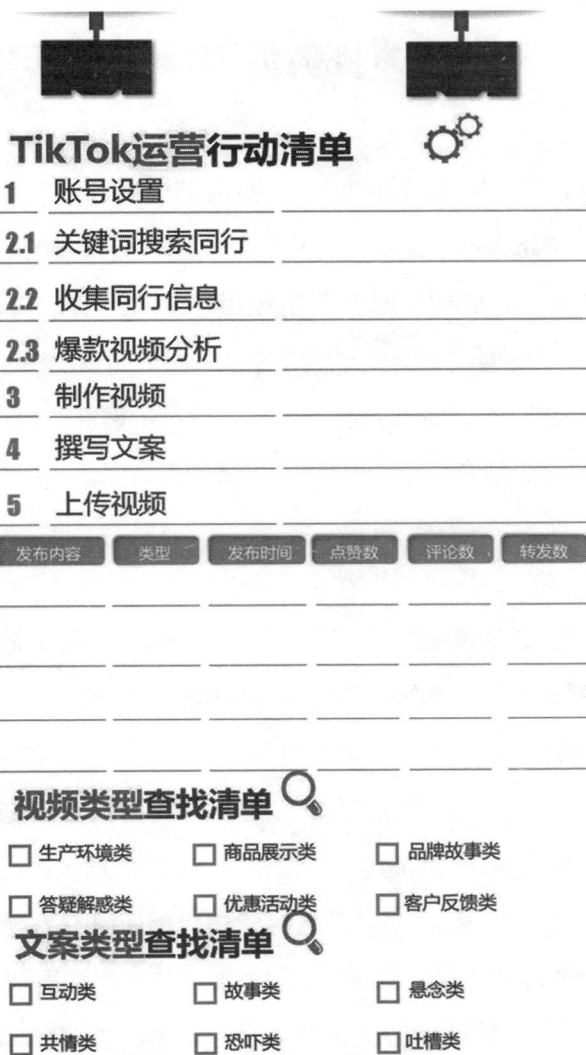

图 4-2　TikTok 运营清单

工具一：多平台搜索利器，借势达人扩大影响力

国产美妆品牌花西子在 2022 年初借助国际社交媒体的顶级网红，以一条 25 分钟的测评视频迅速在全球走红。而最为神秘的快时尚跨境品牌 Shein，更是将网红营销运用得炉火纯青。自成立之初，Shein 就与各平台网红展开合作，构建起小网红引流、中部网红带货、头部网红传播的有机流量生态体系。有人指出："网红营销将成为最具成效的广告形式，结合可靠的内容策略，其优势是电视或社媒广告难以企及的。"

那么，究竟什么是网红营销呢？网红营销是指通过与特定领域内具有影响力的"意见领袖"合作，来推广业务、品牌、产品及服务的过程。这些"意见领袖"也就是在社交媒体平台拥有一定粉丝基础的网络红人。提及"网红营销"，你或许会联想到年轻且富有魅力的男女在推销最新款汽车、美容产品或服装，这确实是 B2C 业务中常见的营销策略，如上述的花西子、Shein 等品牌。不过近年来，越来越多的 B2B 业务也开始借助网红渠道开展营销。某内容营销代理商研究发现，80% 以上的 B2B 品牌通过网红营销取得了成功。B2B 公司采购周期通常较长，如图 4-3 所示。一项调查显示，B2B 买家一半以上的调研工作是在网上完成的。这意味着他们在决定购买前，很可能已在社交媒体上浏览过来自海内外同行的优质内容。

许多跨境从业者在开展网红营销时，常面临两大难题：一是不知从何处寻觅具备深厚行业知识的专家型网红；二是难以确定所找到网红

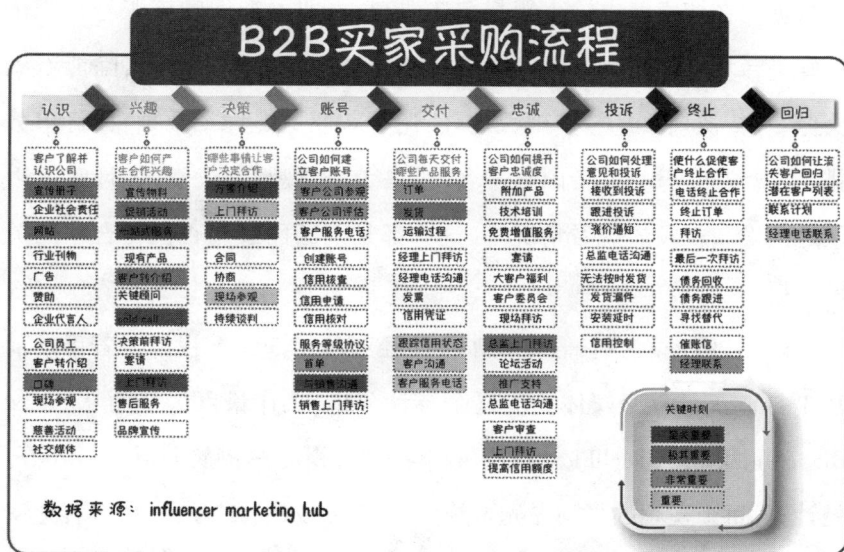

图 4-3　B2B 买家采购流程

的营销数据是否真实可靠。

　　这里分享两款极为实用的工具，它们既能助力查找多平台网红，又能帮助鉴别数据真伪。

第一个工具 Social Blade

　　Social Blade 是一款多平台网红数据分析工具，其最大优势在于支持主流社交媒体平台。在 top lists（排行榜）工具栏中，能够查看不同平台的网红榜单，点击进入后，可依据关键词、国家、类型等条件进行筛选，进而获取排名（rank）、级别（grade）、频道名称（usename）、订阅者人数（subscribers）、视频观看量（video views）等信息，这些数据在后续选择合作对象时极具参考价值。

　　假设你的公司从事电子产品业务，在 Social Blade 上找到了专注科技类产品的网红 TechFlow，下面以其为例，讲解如何运用 Social Blade 分析数据。在搜索框中输入账号名 TechFlow,即可查询到该账号在三个社媒平台均有注册。点击第一个社交媒体平台的搜索结果,除能看到头像、上传视频数量等基础数据外,还可获取更多详细数据,如订单数排名、视频阅读量排名、国家排名、过去 30 天视频阅读量、预计收入以及之前发布视频的观看情况等,这些都是判断网红是否值得合作的关键依据。

以 TechFlow 为例,假设该账号已经上传了 399 个视频。若手动前往 TechFlow 的社交媒体页面逐个统计分析,工作量巨大。而从 Social Blade 界面可知,TechFlow 拥有 42 万粉丝,视频总浏览量达 4 746 万。经计算,每个视频的平均曝光量约为 $4\,746 \div 399 \approx 12$ 万次,观看转化率为 $12 \div 42 \approx 28.5\%$。由此可见,该账号在曝光能力方面表现出色。该账号所属国家为英国,创建于 2014 年 4 月 11 日。在竞争激烈的社媒平台,一个较新的账号能拥有 42 万粉丝,说明其视频质量和用户黏性良好,账号评级为 B-。Social Blade 的评级分为 A++、A+、A、B++、B+、B、B-等,此评级基于大数据统计,B-处于中等水平。该账号通过社媒广告分成的预估年收入在 521 美元至 8 300 美元之间,这一数值由 Social Blade 按每 CRM 约 0.25 美元至 4 美元预估得出,虽不能代表最终合作价格,但具有一定参考意义。

继续下拉页面,可查看最近两周每日的详细数据以及最近一年的线性数据,以便深入分析投入多少资金能带来多少曝光和流量,再预估转化率,就能判断该网红是否值得合作推广。

当找到一个优质网红账号后,还需分析其目标人群是否与自身一致。只有网红的粉丝群体与己方的受众相匹配,才有可能通过网红营销将粉丝转化为客户,这就引出了第二个工具 Upfluence。

第二个工具 Upfluence

通过谷歌搜索 Upfluence Chrome Extension 安装好插件后，直接进入网红的平台账号，如本案例中 TechFlow 的社交媒体账号，点击其主页，可看到以下五个部分内容：

（1）基础信息与真实性：展示账号的基础信息、粉丝群体信息和互动情况。可得知账号所属国家为英国，与 Social Blade 搜索结果一致，还能看到账号联系方式以及 90% 的账号真实性评分。

（2）粉丝群体画像：呈现粉丝群体信息，该账号粉丝多来自英国和美国，年龄跨度较大，集中在 18~54 岁，分布较为均匀，男性占比 82%。

（3）互动数据分析：展示互动情况，点击社交媒体频道一栏，首先呈现的是"每个访问成本"，还能了解每个视频的点赞量、阅读量、平均印象值、触达率、所需成本等，这些数据有助于预估与该账号合作的投资回报比。此外，还能看到与同类型账号的数据对比情况，可知该账号互动率和点赞量处于较低水平，阅读量则较高，据此可判断其在同类账号中的水平位置。

（4）内容发布分析：显示内容发布频率和数量，帮助了解账号的内容产出节奏。

（5）粉丝增长趋势：展示每周新增订阅者数据，用于判断账号的持续输出能力，这也是决定是否合作的重要依据。若账号无法持续稳定输出高质量内容，则合作意义不大。

综上所述，本书介绍的两款工具能有效助力你找到合适的网红营销账号。Social Blade 可帮助筛选合适的网红，Upfluence 则能判断网红粉丝群体是否匹配，同时鉴别网红信息的真实性 。

工具二：广告效果分析工具，助力做出最优决策

"为了省钱而停止做广告，就像为了节省时间而停表一样。"福特公司创始人亨利·福特的这句名言深刻地揭示了广告在商业运营中的重要性。

全球营销行业领先的受众定位公司 GWI 的报告显示：22% 的客户会在社交媒体上发现新产品或服务。这意味着，即便在诸如 TikTok 等各大社交媒体平台上发布高质量的文章或视频，最多也只能触达 22% 的潜在客户。免费的社交媒体传播范围有限，因此，若想将业务覆盖范围拓展至近 50% 的潜在客户，就必须结合社交媒体广告。

这一数据还表明，社交媒体上的自然内容和付费广告所覆盖的目标群体存在差异。关注者或粉丝可能会留意账号发布的内容，但还有大量未关注客户难以看到。例如，在社媒账号发布一篇新帖子，若账号拥有 1 000 个粉丝，该帖子的浏览量可能在 100~200 之间，也有可能仅有五次浏览。具体浏览量取决于社媒平台当天的算法、粉丝在平台上的活跃程度以及帖子的质量等因素。而如果对该帖子进行付费推广，至少能获得数千次浏览，同时还能依据浏览量评估帖子质量。

如今，仅依靠一个平台或渠道就能获取足够多客户的跨境业务时代早已远去，当下已步入多渠道拓客的新时期，这对跨境贸易从业者提出了更高要求：既要能搜索客户、参加展会，又要善于打电话、玩转社交媒体。

许多跨境贸易从业者期望仅凭借优质内容，不投入任何付费广告，

就能吸引客户主动找上门来。然而，这在现实中越来越难以实现。如今优质内容层出不穷，尤其是从事跨境业务，不仅要与国内同行竞争，还要与其他行业的内容创作者争夺用户的注意力。

那些"世界500强"企业，每年都会在广告上投入巨额预算。例如，谷歌的母公司 Alphabet 在 2020 年的广告花费高达 7.74 亿美元，亚马逊也投入了 4.7 亿美元。这正是它们能够保持行业领先地位并成为客户首选的关键因素之一。当然，这一切的前提是产品质量的稳定，毕竟再好的付费广告也无法挽救糟糕的产品或服务。

对于众多跨境从业者而言，如何投放广告是一大难题。对于新手来说，向优秀同行学习是最佳的学习途径。当你不知如何投放广告时，不妨先去了解同行在哪些渠道投放了何种广告。有一款功能强大的广告监控工具，不仅能够帮助搜索和监控同行，而且还有中文版本，使用起来更加便捷。

这款广告监控工具的强大之处主要体现在以下三个方面：

（1）庞大的广告数据库：拥有超过两亿条广告的庞大数据库，基本上能满足查找各类广告的需求。

（2）广泛的覆盖面：覆盖全球九大平台，同时涵盖多个主流电商平台，如独立站、亚马逊、eBay 等，覆盖范围涉及 69 个国家和地区。

（3）强大的广告监控功能：能够全方位洞察全球同行的广告投放及营销动态，可以查询同行在社媒平台投放的广告内容、使用的着陆页以及撰写的文案等信息。

此外，该广告监控工具还具备两个实用功能：一是可以通过创建日期来过滤广告，有效搜索新发布的广告；二是能根据广告的受欢迎程度进行排序，并为每个广告打分，让你轻松知晓哪些广告知名度较高。借助这两个功能,可以及时了解当前最受欢迎的新广告。

此前分享的案例多为实体工厂,接下来分享一个虚拟服务的案例。有一家成立于2020年的企业,其老板是一位非常出色的"90后"。目前,该公司已有100多名员工,主要提供注册中国公司、办公场所租赁、记账报税等服务。这家企业希望通过社交媒体广告快速开拓海外业务。下面将以这家公司为例,分享如何利用广告监控工具搜索和分析同行广告,从而高效制定适合自身的广告内容。

第一步,锁定目标同行。通过之前介绍的谷歌工具,找到了一家同样提供会计服务的国外同行。该同行在某国际社交平台上拥有3万多粉丝,经常发布各类企业会计案例,展示未来的企业主如何借助他们的服务实现更轻松的经营管理。

第二步,使用广告监控工具分析。在广告监控工具网站上输入该公司名字,并选择相关社交媒体平台,同时还能根据国家、语言、时间、创意类型、互动指标、营销目标、落地页类型等进行筛选。

在显示结果界面可看到一些基础数据:热度值是一个介于0~1 000之间的综合指数,数值与广告的投放天数,发现次数和市场效应相关,热度值越高代表这个素材的竞争力越强;展现估值指的是,投放天数内通过数据计算得到的该广告展现次数估算值;投放天数指的是,这个广告总共投放了多少天;最新发现指的是,这个广告的最后展现日期,还可以看到这个广告的点赞数、评论数和分享数。通过这些数据,你可以初步判断广告的质量。

点击右上角的…按键还可以看到更多选项,"主页分析"可以看到这家公司的广告的总体分析结果。可以看到这家企业一共投放了254个广告,总共获得了3.7万的点赞数,总热度是4.9万,正在推广的产品有两个。"查看帖子"可以直接进入这家公司当时做广告的界面，既省时又省力。

点击其中一个广告可以看到广告的基本信息，包括这个广告所使用的文案、图片，还有投放渠道、图片尺寸等。在分析页面向下移动滑动条可以看到更多详细的数据分析，包括投放日程表、投放地区、相关广告列表和投放渠道分析。利用这些数据能够很好地帮助你制订推广计划和广告内容，同时也可以对比投放过程中的数据，从而可以知道如何进行优化。

《劝学》中提到："登高而招，臂非加长也，而见者远；顺风而呼，声非加疾也，而闻者彰。假舆马者，非利足也，而致千里；假舟楫者，非能水也，而绝江河。君子生非异也，善假于物也。"这就是常说的"借力"。广告投放对于很多跨境贸易从业者来说是一个全新的课题。如果你想涉足却不知从何下手，不妨借助"同行"的力量。利用本书中分享的各种工具分析和研究同行，借鉴其成功经验，这样就能在起跑线上领先他人。